さらば、ヘイト本！

嫌韓反中本ブームの裏側

大泉実成・加藤直樹・木村元彦 著

はじめに　嫌韓反中本ブームを蘇らせないために

本書では、よその国を十把ひとからげにし、他民族を嘲笑したり、民族差別や排外主義を煽る本のことを「ヘイト本」と呼ぶ。

もう少し専門的に言うなら、日本も批准している人種的差別撤廃条約の第4条（b項）で言うところの「人種差別を助長し及び扇動する団体及び組織的宣伝活動その他のすべての宣伝活動を違法であるとして禁止する」（外務省訳）とされた「組織的宣伝活動その他すべての宣伝活動」にあたる書籍を「ヘイト本」と呼ぶ。

日本では、特に隣国――中国、韓国、北朝鮮――とそれらの地域にルーツを持つ在日外国人を標的にしたヘイト本が、いわゆる「嫌韓反中本」としてブームを迎えたのは、2013年から14年にかけてであった（朝日新聞が「売れるから『嫌中憎韓』」と報じたのが14年2月）。

一説によるとこの2年間を中心に、累計200冊以上の嫌韓反中本が刊行されたという。

しかし、これらヘイト本のブームは2015年になって終焉を迎え、「オワコン」（終わっているコンテンツの意）化している。

たとえば、下の写真を見てほしい。

ほぼ毎号「反日叩き」を特集してきた月刊誌『宝島』（宝島社）は、2014年11月号（写真右）を最後にその大特集を終えている。2015年1月号（写真左）でも「反日」をテーマにした記事を掲載しているにも関わらず、その扱いは非常に小さい。

また、かつては「人を喰う中国人に喰われるな」（2005年10月号）などと、民族などの属性をもって差別的な記事を掲載してきた『WiLL』（ワック）も2015年6月号では「習近平、度し難し！」というように、変えられない属性ではなく政治家個人を批判するようになった。

これなども、「人種差別を助長し及び扇動する」ことを避け、「ヘイト本だ」との批判をされたくないとする発行人の意向の現れといえる。

このように、売らんかなの「ヘイト本ブーム」は、明らかに潮目が変わりつつある。

それは、街頭にまではみ出た排外主義者による醜悪なヘイトデモに対する「カウンター」が全国に広がり、またマスメディアもヘイトデモを批判的に報道するようになった成果だ。

しかし、いや、だからこそ、「ヘイト本ブーム」とはなんだったのか？

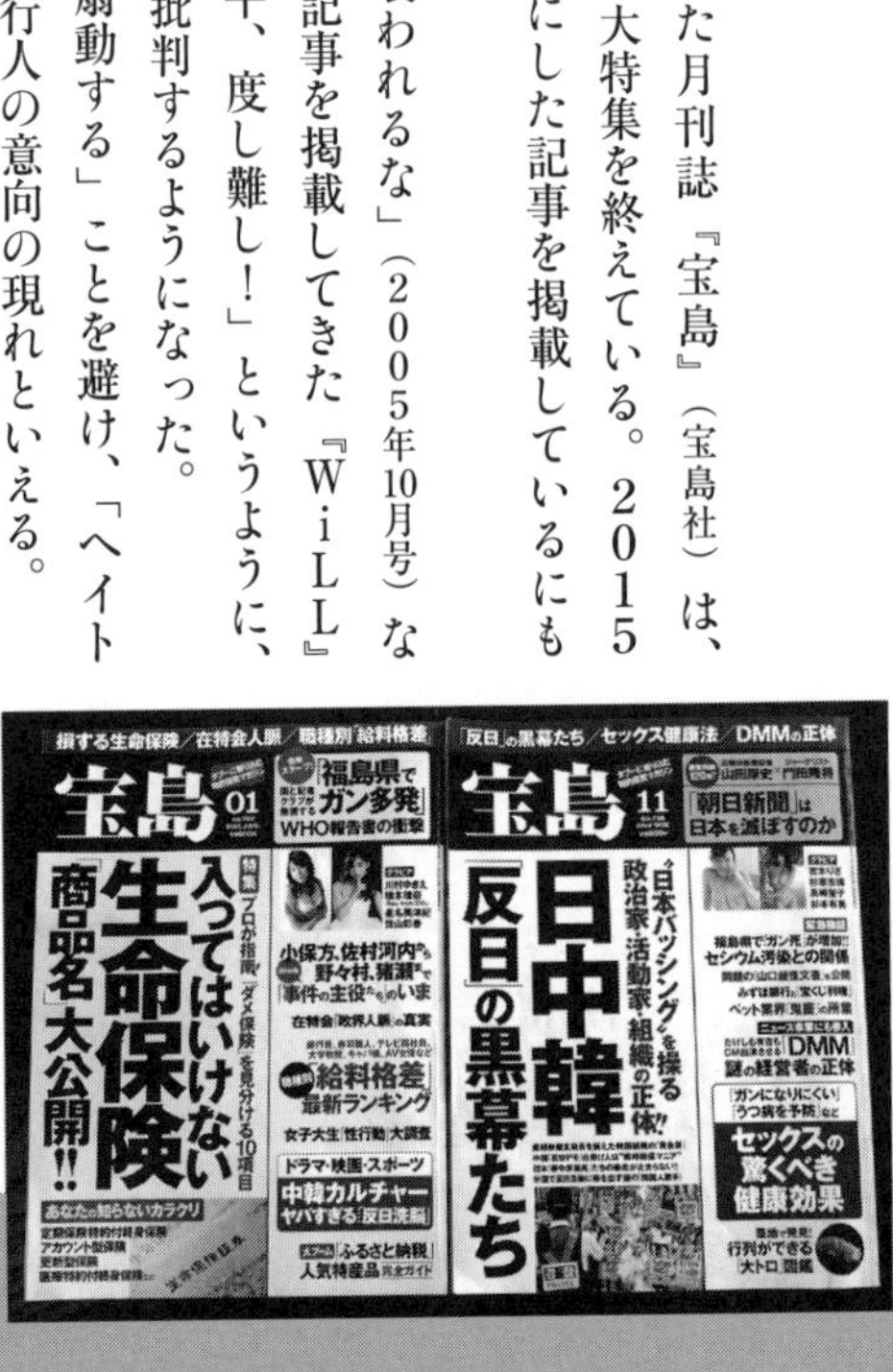

だれが、どのようにして、それらを作り続けたのか？

あるいはどんな出版社が、嫌韓や反中を煽動する本を作ったのか？

その検証なしに、「ヘイト本ブーム」を真に終わらせることはできない――そう考えたジャーナリストが各方面に直撃取材し、また「ヘイト本」のカラクリを検証したのが、この本だ。

最後に、この「ブーム」は2013年から14年にかけて最盛期を迎えたと前述したが、その萌芽は1990年代なかばにあったことを指摘しておきたい。

日本の近現代史を「見直したい」あるいは、過去の行いを「承認されたい」欲求にかられた人たちが、「日本は非道の国じゃない！」と叫び続けて来たからこそ、この「ブーム」があったことを見逃すわけにいかない。

1923年9月、関東大震災後の東京の路上で繰り広げられた朝鮮人虐殺は、唐突に起こったのではない。その何年も前から新聞が「不逞鮮人」をあげつらう報道を繰り返した結果であったことを忘れてはならない。

その意味でも「嫌韓反中本」がオワコンになろうとも、また別の標的を生み出すのが安物の自称愛国者なのだから、いまこそ、その「手口」を学ばなければならないのだ。

2015年　ころから編集部

目次

第5章

「ヘイト本」羊頭狗肉度ランキング

読みたい人も、読みたくない人も必見

ころから編集部

第1章

嫌韓誘導記事を量産した編プロ社員が語る「責任」

「読者ではなく、版元の担当者に納得してもらうものを作る」

木村元彦（ジャーナリスト）

扉写真◉岡本裕志

渡邉哲平はころからが書籍『NOヘイト！　出版の製造者責任を考える』（2014年）を出版した際の、「ヘイト本をあふれさせているのは誰か？」というキャッチコピーを見たとき、「ああ、これはまさに僕のことだ」と思ったという。

渡邉は編集プロダクションに在籍し、2013年の末から月刊誌『宝島』（宝島社）における中国や韓国の批判的な特集ページを手がけてきた。翌年2月発売の「世界で嫌われる反日国家」特集を始め、毎号多いときで20ページ、通常でも15ページを作り、更に併行して嫌韓、反中のムックをほぼ月1のペースで量産し続けた。まさに「製造」してきた当事者として、『NOヘイト！』のキャッチが目に刺さったのである。

しかし、実際に『NOヘイト！』を手にとって読んでみると、いや、こんなものかと感じた。

「もっと僕みたいなやつが出てくるのかなと予想していたんです。『クソみたいな単価でクソみたいに時間を切り詰めて、もうめちゃくちゃ書いていますよ』みたいな人物が出てくるのかなと思ったら、そうではなく、書店員さんの話と、今の風潮の分析で終わっていたので僕としては物足りなかったんです」

そんな渡邉が、自分の体験を語ることでこの問題について提起できることがあればと取材に応じてくれた。

「韓国一本でやりたい」

「本が好きということもあってフリーターから一念奮起して編集プロダクションに入社しました。25歳のときです。編プロはどこも似たりよったりですが、アパートの一室でやっているような小さな規模の所です」

――最初に作った本は何だったのですか。

「『マンガでわかるブラック企業――人を使い捨てる会社に壊されないために』（2013年）です。合同出版さんが版元になって、編プロであるうちの会社にその依頼が来ました。僕が企画の段階から編集の仕事に携わったのはそれが最初だったんです。それと渡邉美樹、竹中平蔵、奥谷禮子、柳井正といった新自由主義的な経営者たちが発言した法に抵触するような迷言、例えば『風邪を引くのも自己責任』とか、を集めた『ブラック語録大全』も作りました」

――その意味ではリベラルな本から入ったわけですが、それがなぜ嫌韓本にいったのですか。

「会社が節操なく、ブラック企業を糾弾するような本も作れば、韓国や中国を批判するような本も作っていました。背景にあるのは資金繰りが一番大きかったのかなと思うんです。その意味で2014年は嫌韓・嫌中本がバブルだったんですね」

――経緯はどのようなものでしたか。

「2013年末に宝島の担当者の方から『反日をテーマにした本をやりたい』とうちの会社に連絡が来たんです。僕は漠然と『反日』と言われたときに、中韓だけでなく欧米も含めて日本が叩かれているということなんだろうという認識だったんです。バブル期のアメリカからのジャパンバッシングや、シーシェパードの捕鯨に対する実力行使。こういった『反日』かと思って、いろいろネタを出して企画・構成を羅列して打ち合わせをしに行ったら、『いや、韓国一本でやりたいんです』と言われて」

――渡邉さんはもっとアカデミックにとらえていたわけですね。

「はい。2013年の11月に「別冊宝島」で『ヤバイ！ 韓国経済』を出したら、それがすごく好調だったらしくて、同じようなテーマで韓国が日本に対して不当な主張を続けているということを一冊にまとめたいと言われて、始めたのが1本目でした。ただ、僕は一度も韓国へ行ったことがないし韓国語も分からないんです。生の感覚というか、現地での報道は全く分からないんですけれど、韓国紙の中央日報や朝鮮日報、聯合ニュースは、日本語の電子版をインターネットで見られるんです、無料で」

嫌韓ネタの情報源は韓国紙

――ソースは、主にその3紙からですか。

「そうですね。3紙を読むとやはり日本に対する興味・関心がすごく強い。次に日本国内の保守層、右翼と呼ばれるような人たちがそれをすごく気にしている図式があって、ネットでそれらの新聞は誰でも見られるんですが、それをあえて紙の形にする作業を僕はやっていたのです。ソースは主に新聞ですが、当然、日本をけなしているだけじゃないんです。すごく日本はいい、うらやましい、と褒めているところもあるんです。でも、そういうのは一切拾わないです。あくまで日本を非難している部分だけを使いました」

――記事にある『韓国で106台の玉突き自動車事故が起こって、その背景にある要因が予算不足で速度計が設置できなかった』『ソウルの百貨店が何もないのに倒壊した』とか、これらはソースから引っ張ってきている？

「そうですね。これら最近の事件を集めて例えば50個とか60個とかまず並べて、そこからカテゴライズしていくんです」

――他には。

「識者、ジャーナリストの方にお話を伺いました。それも圧倒的に保守の方です。韓国けしからんという見解しかもらわないんです。著書が売れているということで、室谷克実さんが筆頭です。あと韓国人のシンシアリーさんという方がいらっしゃるんです。日本のアニメが好きで日本語を覚えたという方ですけれども韓国人なのにむちゃくちゃに韓国批判するんです。彼のブログが読まれていて、この人に原稿をもらったら良いじゃないですかということでお願いしました。彼の原稿を紙媒体に載せた

渡邉氏が手がけた宝島ムック

のはうちの韓国のムックが最初だったんですが、扶桑社から直後に単著で『恥韓論』（2014年）というのを出してこれがめちゃくちゃに売れたんです」

ファクトエビデンスと責任不在

——宝島社の方から渡邉さんに編集方針として言われたのは？

「日本賛美をするようなものにしない、主義主張を入れないというのもありました。そもそも揚げ足取りみたいな記事しか書いていないんですけれども、『だから韓国はだめだ』と言うのは、本文には書かないんです。タイトルや見出しになっている『崩壊一歩手前』とか、『破綻前夜』とか、そういう煽りの文言は表紙にまで入れるんですが、本文には『破綻するだろう』とかいう文言さえ入れないんです。ただ淡々とこういう数値が背景としてあって、だからこういう実態を物語っているという、ファクトエビデンスの繰り返しです。朴槿恵《パククネ》外交はアジアで孤立している、だからといって安倍政権の外交はもっと評価されるべきだとか、そんなようなことは書かないんです」

——比較して日本はこんなすばらしいという安易なナショナリズムに回収させないのは

何か意図、あるいはそれなりの矜持があったのでしょうか。

「そこはよく分からないのですが、僕には書籍の中に主義主張がないんです。ただ事実を並べて、さあどうぞというのを読者に委ねるんです。レールを敷くだけ敷いて、最後のとどめは刺さない。僕は安倍政権を賛美した記事を書いてはいないし、サムスンの業績が悪化しているとは書いたけれども潰れると書いていません。でも、読んだ人は確実にやっぱりサムスンってけしからん、日本のソニーはすごいとなる。最後の枕木を置かないことによって、責任が曖昧になるんです」

――煽動はしているけれども、寸止めすることでその責任所在は曖昧にしておくという。

「僕はそれはすごく意識していました。宝島社の考えとしては別のものだったかもしれないですが」

靖国にナッツリターン

――この手の本のマーケットは今はどうですか。

「正直、2014年の暮れぐらいに1回打ちどめになったんですよ。もう売れないと。

潮時なので、ムックだけでなく、月刊『宝島』も来月から韓国モノは特集しないですよという感じだったんです。なのに直後の12月に『ナッツリターン』騒動があって、それでもう1回いけそうっすねと（笑）」

――ただ、渡邉さんが担当した最近の号を読むと「反日」が出てこないじゃないですか。書かれているのは韓国財閥の腐敗への批判。ソースが韓国メディアということもあってテーマだけ見ると、かつて日本のハト派が支援した韓国の民主化運動にさえ思える。

「ええ。でも韓国の市民を救おうという正義感みたいなものからではないんです。出版社が出してくる企画書には、保守層や韓国に対して批判的な読者が溜飲を下げる目的で作るものだと書いてあるので。『反日』だけでは、やっぱり企画として長く持ちませんでしたね。韓国国内で日本に対する批判が沈静化するんです。実は最初の企画を受けた段階から、『このまま露骨な反日政策を続けると韓国の立場が危うくなる』という警鐘を、韓国紙が鳴らし始めていたんです。韓国内の日本に対するバッシングがおさまりかけて、作る側からすると、これだと本にならないかもしれないという懸念が若干あったんです。ところが、2013年の12月26日に安倍首相が突然靖国神社を参拝することによって、一気にまた逆転するんですよ。やっぱり日本はけしからん、安倍はけしからんという韓国メディアの報道が逆転することによって、僕らはこの本を作れたという（笑）」

――安倍はマッチポンプですね。周辺諸国を挑発することで政権基盤を固めている。しかし実質、月に2冊という制作スケジュールはハードでしたね。

「本当に休みはほとんど無かったです。進行も色校正は飛ばしてしまうんです。基本的に初校を出して、戻ってきた初校の著者や宝島編集部、それに校正者の修正を反映して再校を出してそれで印刷所

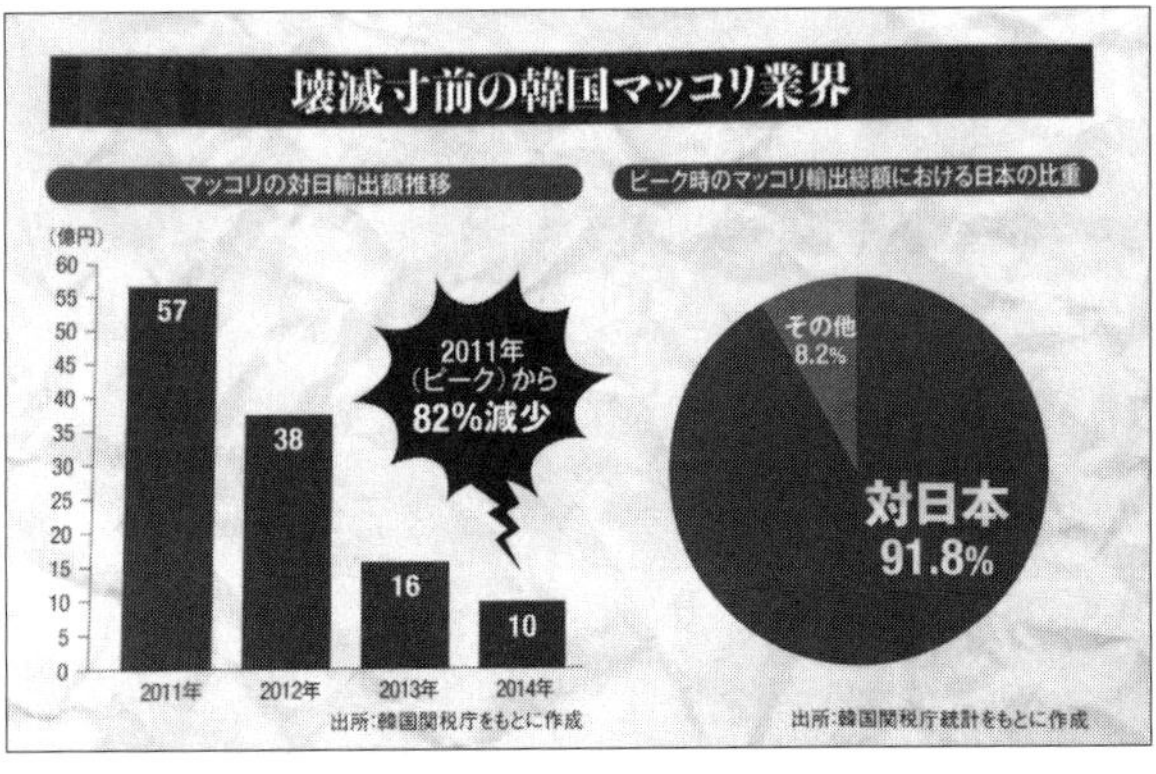

「出所が確かなデータをグラフ化し、吹き出しで強調するのは基本的なテクニック」（渡邊氏）

『すごくヤバイ！韓国経済2015』（宝島社）より

に入稿です。100ページ以上の本を実働1カ月で作るみたいな感じです。だから、休むのは、初校を出して赤字(修正)が戻ってくるまでのつかの間だけです。だからもう疲れて会社を辞めるんですが。うちの社長は多分、ほぼ資産ゼロ状態で会社を立ち上げているんです。要は借金で会社を作って、借金を返しながら売り上げを立てていたと思うので、本を作り続けるしかないんです。出版業界は制作時期と入金時期がずれるわけじゃないですか。であると、やっぱり苦しいときにお金がない。ブラック企業の本を作っていた会社が一番ブラック企業だなんて言ったら、最高にネタになるだろうと思ってました」

お客様は読者ではなく出版社

——今、仕事として「NOヘイト！　出版の製造者責任を考える」というタイトルでオファーが来たら、自分自身をどういう書き方で描きますか。

「僕は結局、出版社ではなく編集プロダクションの社員だということで自分の立場が一番曖昧で無責任なところにいると思ったんです。でも一番その本のことを理解していて、一番その本に時間をかけているのはやはり僕なんですよ。僕が作ったと言っても何のうそ偽りもないぐらい僕が企画して、僕が構成を作って、僕が台割（ページ順）を切って、僕が著者を選んで依頼して、物によっては自分で書いて、図版を作って、デザインしてもらった。リアルに僕が作った本なんです。では僕は誰に向けて作っているのか。読者に対してではないんです。出版社の担当者に対してなんです。エンドユーザーではなくて、クライアントが僕にとってのお客様ですから。読者に喜んでもらうだけじゃなくて、版元の担当者に納得してもらうものを作る、その先のことは僕は知らない。営業がどう判断しようが、上層部がどう判断しようが、取次が、書店が、読者がどう思おうが、僕の中での世界ではない。僕の世界は僕と版元の担当者です。その世界だけで1冊の本ができ上がっていて、あとは知らないところに行って読まれていくわけです。僕が携わった案件を私自身はヘイト本だとは思っていないのですが、一方で懺悔の気持ちを持っているのは僕しかいません。僕が懺悔し、僕が私自身を糾弾したいのは、さしたるイデオロギー的主張がないにも関わらず、あたかも韓国・中国批判が自分の主張であるかのように、書籍という形で世に出したことです」

——「製造」の当事者でありながら存在が不可視にされていたことの懺悔みたいなことですね。

「そうですね、編集プロダクションという請け負い企業で、とにかくやれるものだったら何でもやる、出せるものだったら何でも出すというのが、やっぱり僕がこれを続けてきたところの根っこの部分に一つあったと思います」

——もう一つ言うと、クライアントの版元の期待通りに作る。では、消費している層には責任はないのか。

「そこはそうですね。僕は結局、それを自分の逃げ道にしていたので。もし僕が強い保守的な思想を持っていたり、国粋主義的な考えがあればこの仕事を『正義感』でやり続けられたのかなと。そこに書いてあることに僕が賛同できるのは3割ぐらいだったりするわけです。僕にとっての正義は、どこの出版社と仕事をしようとも、その期待に応えることであるし、矛盾することですが、このように木村さんの取材を受け、ころからに本として世に問うてもらうこともまた正義であると考えているんです」

◇

出版不況と言われる中で各社、売れるコンテンツは喉から手が出るほどに欲しい。嫌韓・反中がバブルになればそこに飛びつくのも流れだろう。換言すれば売れなくなれば手を引いていく。

渡邉は「僕はお世話になったし、仕事をさせてもらった宝島社さんの担当の方には感謝をしているし、ご迷惑をかけたくない」と、その前提で話し始めた。実直な性格と短期間でこれだけ大量の書籍を作った彼の実績を見れば極めて優秀な編集者であることは間違いない。何より自分を相対化する知性がある。

何をもって自身を糾弾したいと思ったのか。それは、すでに渡邊自身の発言の中に潜在的に出ているように思う。

「出版社が出してくる企画書には、保守層や韓国に批判的な層が溜飲を下げる目的で作るものだと書いてある」（p23）

溜飲を下げる＝不平、不満、恨みなどを解消して気を晴らす。（大辞泉より）

目的は最初から外敵を作って叩くカタルシスありき。もちろん、読者のニーズに応えるのも出版社の使命だ。溜飲本があってもいい。しかし、溜飲のために情報を恣意的に取捨することは世論を大きくミスリードする危険を孕《はら》む。多くの文人が座右の銘にしたと言われる国立国会図書館法の前文「真理が我らを自由にする」という言葉のこれは対極ではないだろうか。

「日本を誉めている記事があっても、それは一切拾わない」（p16）

「ヘイト本ではないが、中韓批判が自分の主張であるかのように本にした」（p24）

あまりに過酷な労働環境を拒み、フリーになった渡邊は今後は大好きな歴史の本を編集していくという。ならば余計に忖度など無用。まさに今後は真理を存分に追究していって欲しい。

第2章

「ガロ」から「大嫌韓時代」へ——

「採算度外視。社長の趣味」でヘイト化した青林堂

大泉実成（ジャーナリスト）

ある日、長年の悪友で、本書共著者の木村元彦から電話がかかってきて、「あの青林堂がろくでもないことになっとるぞ」と教えられた。

調べてみたらそのとおりで、在特会（在日特権を許さない市民の会）の元会長・桜井誠の『大嫌韓時代』（２０１４年）を出していたり、萌えキャラを表紙にした不可思議な保守雑誌『ジャパニズム』（２０１１年〜）を発行していたりと、まあ堂々のヘイト出版社ぶりである。おまけに安倍晋三首相の政治団体が、この『ジャパニズム』を大量購入するという前代未聞のおまけまでついていた。さすが安倍君は「ネトウヨの星」である。

青林堂といえば漫画誌の『ガロ』であって、個人的に言えばその思い出には限りがない。僕は水木しげる先生を心から敬愛し、共著を４冊、おまけに『本日の水木サン』（草思社・２００５年）という水木語録まで編んでいる「水木原理主義者」であるので、話を水木に限ってみようと思うのであるが、それだけにしたって語るべきことはあまりにも多い。

水木しげるの長い下積み時代にも、そして40過ぎてやっとマンガで飯が食えるようになってからも、『ガロ』は水木の変わらぬ主戦場であった。『新講談 宮本武蔵』『子供の国』『鬼太郎夜話』『星をつかみそこねる男』などの代表作や、ユーモラスで深遠な短篇が続々と発表された。僕がひそかに水木マンガの最高傑作短編と思っている『丸い輪の世界』も『ガロ』で発表されたものである。原稿料が出ようが出まいが、水木は『ガロ』で描くことをやめようとはしなかった。そして『ガロ』編集長であった盟友・長井勝一《かついち》（1921〜1996年）との長い交流と深い信頼関係。長井さんが亡くなった後も、水木しげるは「かっちゃんがなあ」と顔をほころばせながら何度もその思い出話を語ってくれたものだった。そしてその『ガロ』で何度か組まれた「水木しげる特集」を、僕はどれだけむさぼるように読んだことだろう。

それが、なんでこんなことになっちゃったんだろう。

次に思ったのは「あの、『ガロ』と青林堂を誰よりも愛していた女性は、この事態をどう思っているのか」ということだった。

「魔物」のガロを手に入れた新社長

都内某所の閑静なオフィスに、ふと広い和室があって、柴犬と小鳥たちが遊んでいる。壁の本棚には一面にガロのバックナンバーと青林堂から出された本たちが並べられている。その部屋の長方形の大きなちゃぶ台の前にぺたりと座り込んで、にこにこしながらこちらを見ているのが、青林堂の元社員で、この部屋の主・手塚能理子（青林工藝舎社長・漫画雑誌『アックス』編集長）さんだった。

まずは「青林堂」の現社長・蟹江幹彦氏について尋ねてみた。

「もともと蟹江さんは芸能プロダクションなどを経営していた人でした。私たちが青林堂にいる時に出入りするようになった人で、経営者が長井勝一さんから山中潤さんになって、その山中さんの知り合いだと聞きました。ただ、初めに挨拶をされた時から、私たちマンガ編集の世界とはまた違う感じがする人だと思いました。私たちが最初にもらった名刺は『オフィスキムチ』という会社名で、その後『大和堂』に変わったんです。

蟹江さんはギャラリーでガロ作家の個展も開いたりしていたんですが、どうも『ガロ』の関係者とは雰囲気が違うというか……。でも山中社長の知り合いということだったので、私たちは正直あまり気が進まないまま出入りを見ていました。

でもやはり気になったので山中社長に『一体どういう方なんですか？』と聞いた事があったのですが、『ガロ』の世界とはちょっと違うような人だ、というようなニュアンスの返事が返ってきたことを覚えています。

会社がおかしくなって私たちがやめて、最終的に青林堂は蟹江さんの手に収まったんですけど、タレント女性が描いた、お世辞にもマンガとは呼べない作品が掲載された号が発売され、それが実質それまでのB5判型の紙媒体『ガロ』の最後になりました。執筆者の許可を得ずに『ガロ』創刊号を電子書籍化して問題になったことなどを外から見守っていましたが、驚く、というより当然の結果、という思いでした。

これは生前の長井さんの言葉ですが『ガロは気をつけないと魔物になる』といったことがあります。これに尽きると思います。零細で貧乏だけれど、抱えているものは大きい。歴代作家が築きあげた独特な世界と歴史、またそこに関わる人間関係の深さを覚悟を持って引き継がなければ、『ガロ』は全力で牙をむいてきます。そういう特殊性を持った雑誌であることを理解しないと編集は無理だと思うんですね。その根幹に流れるものと違う感覚を持った人の下で『ガロ』は作れないと思います。大勢の人たちの力で作られ続け支えられ続けてきたものの重さは想像以上で、それが『ガロ』なんですから」

「会社ころがし」の黒い噂も

創業者の「かっちゃん」の死後、1997年に青林堂の経営側と編集側が対立し、編集者が大挙して会社を去るという事件が起きた。これが手塚さんの言う「会社がおかしくなって私たちがやめ」た、という事態を指している。この年僕と水木しげるはメキシコに妖怪探しの冒険旅行に行き、旅先で

「水木先生、そういや『ガロ』が分裂しましたね」

「『ガロ』の場合、売れない上に二つに割れる。これは悲劇ですよ」

「この前水木プロに編集長が来てたっていう『GEO』(※)はどうなんですか」

「（手のひらを左右にフルフル振りながら）あぶないあぶない」なんてことを能天気に言い合っていたのだ（※ＧＥＯは世界の自然や文化を紹介するビジュアル誌で日本版は１９９８年休刊）。

しかし事態ははるかに深刻だったようだ。『噂の真相』誌は「突如休刊となった青林堂『ガロ』に乗り込んできた二人の黒い人脈」（97年9月号）というタイトルで、当時の様子を活写しているが、そこにあったのは「会社ころがし」という疑惑であった。やや長くなるが、同誌から引用してみよう。

今回の騒動の直接的なきっかけは、山中が命運をかけた事業『デジタルガロ』の失敗にあった。周囲の反対を押し切って山中が始めた『デジタルガロ』は、今年（１９９７年・筆者注）１月に企画、２月24日に発売という突貫工事で行われたが、８万部発行が実売は１万部弱と惨敗。ツァイト（山中の経営するＩＴ関連企業・筆者注）製作で、流通元の青林堂自体のダメージも大きく、加えて本体のツァイトも経営悪化、同時に精神的ダメージを受けた山中社長が、経営能力も意欲も失ってしまう。

突如休刊となった青林堂『ガロ』に乗り込んできた"一人の黒い人脈"

●レポーター 久野健児

きる7月11日、突然、『ガロ休刊の危機』という第一報が朝日新聞に掲載され、業界が騒然となった。

『ガロ』といえば、昨年1月に亡くなった長井勝一が64年に創刊した、商業誌では扱わない個性的な作品や漫画家を掲載してきた老舗の漫画雑誌。とくに最盛期の67年、68年には実売8万部、白土三平、水木しげる、つげ義春、滝田ゆう、林静一ら個性的な

— 64 —

電通がドラッグ疑惑社員三名を昨年末に内々で辞職勧告し処分との説が

とはいえ『ガロ』の版元である青林堂は、原稿料を払わない代わりに、『ガロ』で知名度が上がれば、他の出版社への移籍や版権を移すのは作者の自由という故・長井勝一の方針のため、慢性的ともいえる経営難にあったのも事実。実際、89年には、部数3000部と同人誌なみにまで落ち込み、さすがに発行人の長井も、70歳の高齢も手伝って青林堂の売却を決意。同年、『ガロ』の長年のファンだったというコンピュータ会社『ツァイト』を経営する青年実業家の山中潤に経営を委譲する。『ツァイト』＝山中がスポンサーとなったことで、ひとまず経営危機は脱したものの、『ガロ』休刊自体は、いつ話題になっても不思議ではない状態だったことはいうまでもない。

▼決定的対立のきっかけ

ところが今回の休刊の理由は、経営破綻が直接の原因ではなかった。なんと、青林堂の社長交代劇を巡り、社員が総辞職、編集機能がストップしたという、いわば予想だにしない形で起こったのだ。

青林堂を総辞職した元社員側は、「新社長に突然、解雇された」と一部新聞に記者発表。休刊の責任を新社長側に押しつけたものの、今度は、新社長側が「辞表を出して、勝手に職場を放棄しただけで無責任だ」と反論。ここですでに両者の言い分は食い違うが、元社員側の「『ガロ』の意思を引き継いだ新しい漫画をミニコミ誌からでもいいから地道にやっていきたい」との意向に対し、新社長側も「新たなスタッフを集めて『ガロ』は続けていく」とコメントし、対立はエスカレート。

肝心の執筆者側には、守れる物はもう原稿しかない、と一足早く元社員側が動き、青林堂で保管してきた原稿や過去の原画などを「社長が突然交代したのでとりあえず原稿を返却させてくれ」と、一旦、実際に原稿を会社から持ち出し、安全なところに保管し、目下返却中だという。

これに対して新社長側は「勝手に辞めた人間が会社の財産を持ち出すとは何事か」と激怒。さらには、編集部の機能が停止したことに対しても、元社員側が「不当解雇された」と数次、印刷会社などに発言したことは「重大な営業妨害」と、両者の関係は修復不可能なところまで悪化してしまう。

こうした動きに執筆者や関係者の間では、どっちの『ガロ』につくかと二手に別れて対立するといった、まさに"内紛状態"の様相を呈しているのだ。

一体、社長交代を巡って『ガロ』編集部、青林堂内部で何があったのか。

「山中社長、そしてその山中の親友と称する福井源に社員はついていく意思はない」と、元社員一同は、連載執筆者や関係者に宛てた「退職という最も厳しい選択に至った理由」と題した"声明文"の中でこう発表している。

この声明文の中で元社員側は、社長と新社長への不信感を12項目にわたって列挙。長年にわたる山中との編集方針に関する対立、とくにここ最近、山中が経営能力を喪失したこと、山中自身が新しい代表取締役を探せと言った挙げ句、社員が推した代表取締役ではなく、何の説明もないまま、突然福井に決定したことを最大の理由として挙げている。

だが、話はそれだけではなかった。本誌が元社員サイドに接触、何故、総辞職という

突如休刊の青林堂『ガロ』に参入の黒い人脈 — 65 —

の可能性は非常に高いのだ。

そのOと「義兄弟」という福井は、「今回の件で相談はしているが、出資ウンヌンにつ

吹聴する。第一、行き違いはあったにせよ、『ガロ』を途中で放り投げるのは無責任だし、納得はいかないですよ」

と、元社員側を批判する。実際、漫画家の中にも「辞めたことを黙って、原稿の引き揚げを要求したのは違法でしょ。その挙げ句、出版の見込みのない状態では信用できないですよ」と、元社員サイドの行動を疑問視する声もないわけではない。

そのためか、今回の件で、『ガロ』で活躍する執筆者の中には、「ガロの使命は終わった」と判断している人物も多い。

70年代の『ガロ』の執筆者であった赤瀬川原平も「僕の中では長井さんが亡くなった時点で『ガロ』は終わっていた」と、今回の件を冷静に眺めているという。

確かに『ガロ』は、発行人の長井勝一そのものだった側面は強い。一貫して「作家の個性を尊重し、伸ばす」と、商業誌では見向きもされないような才能を発掘。また、彼らが『ガロ』で育つと、次の出版社

た。経営難になれば、自ら株主となって支えてきた。その長井が亡くなった時点で、『ガロ』存続に興味がなくなるのも無理はない。

だが、90年代の『ガロ』を支えてきた一人の唐沢俊一は、「逆に長井さんの負の遺産によって、今回の騒動は引き起こされたのでは」と、こう解説する。

「あくまで『ガロ』は、長井さんのカリスマ性によって持っていた雑誌。長井さんがいないいま、長井さんがいた時のままに変化を拒否し続ければ破綻は必然ではなかったか。実際、長井さんの『ガロは学校』という理念を守って、商業誌的になることを嫌うあまり、出版社の基本なのに版権意識すら希薄だった。『おもひでぽろぽろ』や『南くんの恋人』のマーチャンダイジングさえキチンとしておけば、社員のボーナスくらい楽に支払えたはず。東陽片岡、古屋兎丸、本秀康、キクチヒロノリ、河井克夫など最近の『ガロ』のマンガは実に充実していた。普通の会社なら楽にられたはずだし、儲けることで長井さん

も守れる部分があったと思う」

でも「金のないガロ」がいいというの

金期を作った当時の編集長・南伸坊の

— 68 —

『噂の真相』1997年9月号

そのためツァイト本体の立て直しを図るため、山中は4月に株式会社ツァイトの代表権を旧知の福井源に委譲。この時点で社員らは、福井が青林堂へも経営参加するのかどうかの説明を求めた。

一方、福井は「ツァイトが潰れると債権者が青林堂にも来て、連鎖倒産する。だからOという自分の知り合いで兄貴分の人物に出資してもらう」と盛んに青林堂サイドを説得。青林堂サイドは、その「O」という人物が不明なため（大阪で経営コンサルタントをしているというふれこみだった・筆者注）、スポンサーがこけたからといって現段階で自分たちも共倒れになることはない、と福井の意向にははっきりとした返答を避けていた。（中略）

社員らが、福井に反発した最大の理由は、売却先と明言されたOなる人物の存在にあることは間違いない。実際、社員らが危惧した通り、本誌の調査でも、このOがとんでもない人物であることが判明した。

90年6月、大阪を中心に起こった「ニセ税理士、脱税指南」で逮捕された人物こそ、今回の売却先として登場するO本人だったのである。

この事件は、Oが主催する「関西財政研究会」なる団体の顧客に、免許もないまま税理士業務を行なっただけでなく、国税局員数十人を自分が経営する高級クラブで接待や買収したことが判明し、逮捕されたというもの。Oは88年から3年間で成功報酬を十数億円荒稼ぎし、この事件で、大阪国税局は幹部二人を懲戒処分にするなど、国税局汚職問題と絡んで世間は大騒ぎとなった。（中略）

まさに福井が言っていた「コンサルタント」とは節税という名の「脱税指南」であり、社員らが心配してきた「会社ころがし」の可能性は非常に高いのだ。

結局、こうしたすったもんだがあったので、手塚さんたちは退職。その後、どのような経緯があったかは不明だが、経営権は蟹江幹彦社長の手に渡ることになる。

『ガロ』を愛した編集者の嘆き

蟹江社長は、手塚さんが述べているように、出版やマンガ編集とはかけ離れた仕事をしてきた人であった。しかも２００７年には、銃刀法違反容疑で逮捕された（モデルガンを改造して実弾発射機能をつけ、ネットオークションで約100万円分を売りさばいた）という、いわくつきの人物なのであった。

2015年1月10日付けの東京新聞の記事では、蟹江社長自らが、『ガロ』の再興を熱望するものの「（ガロのような）サブカル系漫画はネット時代には難しい」と感じるようになった、と述べている。そこで嫌韓嫌中路線へと転向したのが始まりだった。

「『保守本』がニッチ（隙間）市場で売れるようになっていた。拡大していくと思った」（蟹江社長・以上東京新聞からの引用）。

しかし、手塚さんは、それは違うのではないかと言う。

「『ガロ』を再興したかったら、ヘイト本にはまず行かないですよ。再興したいと言うけれど、その一点だけで、かなり矛盾していると思う。『ガロ』の歴史を見れば一目瞭然で、出発が被差別民を主人公にした白土三平さんの『カムイ伝』の掲載の場を作ることだったのですから、そこからヘイト本にはつながらない。

まず『ガロ』は儲からない。その儲からない『ガロ』を出し続けるために、どうすれば会社が存続できるか、旧青林堂は知恵を絞っていたんです。私たちも、そこで培ったノウハウで、今雑誌を出しているわけですから。『ガロ』が儲からないから次の道がヘイトというのは理解に苦しみます。『その「ガロ」っていうのは一体どこで出してた「ガロ」なんだろう』って。

だから、青林堂・『ガロ』に関しては、その社名や雑誌名に愛着はありますけど、今では全く別物ですから、もうこだわる必要はないんじゃないかと思っています。でないと前に進めませんので」

昔「ガロ」 今「ヘイト本」

伝説の漫画月刊誌 版元の転向

「嫌韓嫌中本」ブームをけん引する小さな出版社がある。東京都文京区の青林堂だ。安倍晋三首相の資金管理団体も同社の本を大量購入していた。かつては、伝説の漫画月刊誌「ガロ」の版元として名をはせた。どうして変わってしまったのか。（林啓太）

青林堂が隔月発行する雑誌「ジャパニズム」

社長「経営上の問題」

出版関係者「踏み出してな

東京新聞 2015年1月10日付

手塚さんは「もう全く別物」と言い切るが、1979年に青林堂に入り、長年にわたって編集に携わってきた『ガロ』に対する思いは、たとえどんなに別物になったとしても強いものがあるのではないか。

「『ガロ』の編集を始めてから、それが自分の人生の全てになってしまいました。だから青林工藝舎を立ち上げて後継誌の『アックス』をやっています。毎月お金がなくて何でお金でこんな苦労してるんだろうと思いながら。でも自分から『ガロ』『アックス』を抜いたら、何もなくなっちゃうから。よく『あなたにとってマンガとは何ですか』って聞かれますけど、もう全てなんで、しょうがないですよね。そういう道を自ら選んでしまったので、あとはその道をひたすら歩むだけです。『ガロ』で描いてくださっていた方も、いろいろ心配してくださって、協力していただいたり、まだいまだにお付き合いをさせていただいてます。だから、製作者としては十分満足している。

一方で私は『ガロ』の読者でもありましたから、読者としては非常に残念だなあと思っています」

オウム信者とネトウヨの接点

手塚さんの主張は言い得て妙で、現在の青林堂は、長井勝一時代の『ガロ』青林堂と比べて、確かにたいへん残念な存在になってしまっている。その残念さの根源には、ヘイト本を作ってネトウヨどもに売り捌いて儲けようという蟹江社長の志の低さがあるのだろう。したがって時代の要請とともに現れたネトウヨという存在が変わらない限り、青林堂は残念なままでありつづけることになる。

では、ネトウヨが変わっていく、ということはありうるのだろうか。

この問題を考えていた僕は、最近インタビューをしたある人の言葉を思い出していた。

2015年は「地下鉄サリン事件」から20年目に当たることもあって、僕はオウム関係者の取材を続けていた。その中に、麻原オウムから完全に脱却し、新たな宗教団体を立ち上げた人物がいた。それが、元オウム外報部の広末晃敏さんである。

実は20年前の1995年にも僕は彼にインタビューしているのだが、そのときは強固な右翼思想の持ち主で、しかも麻原絶対主義者だったのである。

「麻原の呪縛が解けて良かったのは、一言で言えば、世界とつながったということですかね。

閉じこもって殻を作って切れていくというふうにしていても仕方が無いんですよ。本当はオウム真理教の教えというのは、自分の殻を壊して、自分と他人を越えていくというものだった。でも現実には信じる団体は自分たちしかいなくて、救世主は麻原しかいなくて、どんどんギュウギュウ固まっていって社会と戦っていた。

それはやはり自分たちに内在していたものだったと思うんです。他人と違っていたいというか、世界を救う存在は俺でありたいという。宇宙戦艦ヤマトに乗り込んでいく感じですよね。

最近いわゆるネット右翼や在特会について、安田浩一さんが書かれた『ネットと愛国』（2012年）という本を読ませて頂いた。その中に面白いことが書いてあって、宇宙戦艦ヤマトを観た人が感動して『これは俺達だ』って。自分と全く同じだなと思いましたね。

圧倒的多数のガミラスに向かっていって、たった一艦で打ち勝っていきますよね。

私がオウムに反対する住民運動に立ち向かっていく時もそうでした。何千何百ものガミラスに突っ込んでいく一艦。一種のヒロイズムですよね。でもそのうち、ちょっとおかしいなという気がしてくる。

在特会の活動は精神性において、他者を攻撃して自分を聖なる存在にしていこうというあり方はオウムと一緒だから、そういう意味であの中に入っていたと思ってもちっとも不思議じゃない。全然他人に見えない。

在特会だけじゃなく、他者を排撃していく運動というのはたくさんありますけど、根底にあるのは自分の存在に対する不安だと思うんですよ。個々が切れちゃってる。切れてしまってるから不安になってしまって、何かに結び付きたくなる。例えば国家という存在であったり、日本という存在だったり。

オウムに入る前に私もそうだった。中国とか韓国は大嫌いでしたからね。南京大虐殺とか言って攻めてくるじゃないですか、竹島とかね。『けしからん』という感じで。高校にも日の丸持って行って振ってましたしね。

ただ、日本に結び付くなんて容易にできますよね、何の努力もいらない、日本人ですから。ここにいるというだけで聖なる日本につながる。

でも、考えてみれば、日本だって、日本だけで存在してませんからね。彼らが排撃してる朝鮮、韓国、中国の人達との何千何百年にいたるおつきあいの中で、お世話になって今の日本があるわけじゃないですか。もちろん朝鮮や中国もその周辺諸国のつながりの中で存在している。

地球全体がそうだし、地球だって太陽とか他の惑星とのバランスで存在してるわけですよね。だから切れるものってないと思うんですよ。本当は全部つながってる。極限的に限られた存在とだけつながるんじゃなくて、人間というのは宇宙の中ですでにつながって存在してるんだということに気付いた時、存在に対する不安というのは消えて、何か限定的なものにつながって、それ以外のものを攻撃するということはなくなっていくと思うんですよ」

内なる「影」をたたく意味

広末さんの証言は、排外主義的な人間の内面がどうあるかを雄弁に物語っている。

言葉では説明できなくても、どうも気に入らない存在、どうしても攻撃したくなる存在、分析心理学的にはこれを「影―シャドウ―」と呼ぶ。そして、一般常識から考えたらとんでもない理屈をつけて「影」を差別、攻撃するようになる。

そこには異常な心理が働いているわけだが、というのも、彼らが攻撃しているものは、実は彼らの内面にあるものだからなのである。「全て無意識的なものは投影される」（ユング）。したがってそれは彼らにとって、無意識的な暴力性であり差別意識であり攻撃性であるのだが、それが自分の心の中にあることに気がつかないので、外部に投影するのだ。それがナチスドイツにおけるユダヤ人であり、オウムにおけるフリーメイソンだった。そのようにして始まってしまう攻撃であるが、攻撃には心理的な快感が伴うので、止められなくなっていく。根拠になっているのは、いずれもナンセンスな妄想で、彼ら自身の内部にある暴力性の投影に過ぎなかったのだが、その妄想が時に力を持ち悲劇を生んでしまう。

「影」の存在が認められたとき、分析心理学者はそれについてよく考えてみるようにすすめる。というのも「影」の中にはその人が成長するためのエッセンスが豊富に詰まっているからなのだ。ネトウヨが十派一絡げにして差別している「中国人」「朝鮮人」の一人ひとりが、いかに個性的な存在であり、人間として魅力的か。彼らが攻撃する国の国民性の中に、どれだけ彼らが学ぶべきものが含まれているのか。それがわかるようになると、その人の人格が広がり、成長していく。分析心理学ではこれを「投影の引き戻し」と呼ぶ。たとえば、第二次大戦後、それまで「鬼畜」と呼んでいたアメリカやイギリスから、日本人はどれだけのものを学んだろうか。

元オウムの広末さんにしても、初めは中国人や韓国人を十派一絡げにし「けしからん」と言っていたのだが、歳を取り人格が成熟するにつれて両国との歴史的な背景まで視野が広がり「朝鮮、韓国、中国の人達との何千何百年にいたるおつきあいの中で、お世話になって今の日本がある」とまで言うようになった。そこには、自分の中にある不安や、安易な攻撃性、暴力性の発露であるヒロイズムを客観的に認めることのできる心の成熟があった。

彼の話を聞いた時、僕は思わず、

「月並みな感想ですが、人って変わるものなんですね」

と言っていた。

広末さんがここまで変われるのならば、ネトウヨだって、青林堂だって変わることができるのではないか。

そんなわけで蟹江社長に直接話を聞こうと青林堂に取材申し込みのメールを送ったのだが、全く返事がない。

どうしようかと考えていた矢先、まさにその青林堂で『ジャパニズム』の編集をしていたという人物から話が聞けることになった。それが、古谷経衡《つねひら》さんだった。

「儲け主義」ではない『ジャパニズム』創刊

その日は古谷さんと、ある筋から紹介していただいた元青林堂のアルバイト経験者からお話をうかがうことができた。この人のことは、仮にAさんと呼んでおこう。

古谷経衡さんは若手の保守系論客である。しかし同時に、『竹島に行ってみた！ マスコミがあえて報道しない竹島の真実』（青林堂・2012年）『若者は本当に右傾化しているのか』（アスペクト・2014年）などの著作が示すように、実際に現場に行って自らが体験することを重視し、客観的なデータの裏付けをなにより大切にする作家であった。この点、長年ノンフィクションの仕事をしてきた僕には信頼できる点が多かった。

もう一点、彼は「アニオタ保守本流」（http://d.hatena.ne.jp/aniotahosyu/）というブログを運営する筋金入りのオタクであった。僕自身、『消えたマンガ家』（太田出版・１９９６年）に始まり、庵野《あんの》秀明、水木しげる、宮崎駿《はやお》に関する著作を経て、２００４年に『萌えの研究』（講談社）を発表し、２００６年以降は『オタクとは何か？』（草思社、ｗｅｂ草思で掲載 http://web.soshisha.com/archives/otaku/index.php）という連載を現在まで書きついでいる人間なので、この若きオタクから聞く話は非常に面白かったのである。

保守系論客としての古谷さんの主張は「真っ当な保守」を貫くこと。ここから、ヘイトスピーチなどの低劣な排外主義やレイシズムは断固否定するという立場を打ち出しており、在特会などのいわゆる「行動する保守」に対しては一貫して批判的。つまりは「まともな」保守の人なのであった。しかも、オタクで保守論客といったら信じられないようなむさくるしい人物かと思いきや、取材現場には、すらりとした長身ロングヘアのさわやかな若者が現れたことも心地よい驚きであった。

「僕が青林堂で『ジャパニズム』に関わったのは2010年の秋、27歳の頃です。創刊号の立ち上げから関わっていたんですけど、ちょうど東日本大震災があった年で、震災のせいで発売が1カ月半ぐらい延びたのを覚えています。

1号から3号までは西村幸祐《こうゆう》（保守系ジャーナリスト）さんが編集長だった。蟹江社長は出版が良くわかっていなくて、相場よりかなり高い金を西村さんに払っていた。でも3号まで出す間に、西村さんに仕事の杜撰な面が見えてきて、さすがにおかしいと気がついたのでしょう。井上和彦（軍事ジャーナリスト）さんに頼って紹介されたのが遠藤邦正さんという、『SAPIO』の編集長だった人です。この時もうかなりご高齢でしたが、編集者としてはプロなので、彼の人脈で西尾幹二さんをはじめ保守界の重鎮や保守系政治家が誌面に登場するようになった。

蟹江は初めはすごく遠藤編集長を高く評価していた。でも徐々に否定的になっていった。一つには、たとえば西尾幹二さんとかは原稿料が高いのが嫌になってきたらしい。

蟹江はすぐに部屋を模様替えしたがる人のような、いわば『模様替え欲求』みたい

青林堂・ガロ　関連年譜（敬称略）

1962年　長井勝一、青林堂設立
1964年　『月刊漫画ガロ』創刊
1990年　ツァイトに経営譲渡。ツァイト社長の山中潤が社長に就任
1992年　山中が編集長となり、長井が会長に就任
1996年　長井勝一死去。享年74
1997年　編集部員が総退社し『ガロ』休刊
　　　　退社した編集部員が青林工藝舎設立
1999年　蟹江幹彦が青林堂社長に就任
2001年　『ガロ』復刊と休刊を繰り返していたが以降復刊せず
2007年　青林堂社長・蟹江、銃刀法違反で逮捕
2011年　『ジャパニズム』創刊
2014年　桜井誠『大嫌韓流』刊行

なものを持っている人で、『これじゃない』と考えたみたいですね。

収支的にはもちろん赤字でしたね。非常に厳しかったです。だから、当時の左の人から『商売のためにやってるんだろう』とよく言われましたけど、これには当時、中にいた人間として反論したい。全然違っていた。青林堂が何でこの雑誌を始めたかというと、初代編集長の西村さん（前述）が、当時彼が編集長をやっていた『撃論ムック』（オークラ出版）という保守系雑誌があったのですが、版元などと揉めたらしく2010年にその任を解かれたので、青林堂に後継雑誌として『ジャパニズム』をやらないかと蟹江に話を持っていったのがきっかけです。新しい仕事が欲しかった西村さんと蟹江の利害が一致したのですね。蟹江の利害というのは、僕が思うに彼の趣味を実現することです。自身の右翼思想、正確にはネット右翼思想をこの雑誌で表現したかったんですね」

なんと、青林堂の蟹江社長は「儲けんがため」に、この保守雑誌を出していたわけではなかったのである。東京新聞などの記事から、当然売り上げ拡大を狙っていたものと考えていたのだが。僕の予想は根底から覆された。

スピリチュアルからのネトウヨ化

そして、少し蟹江社長を見直す気にもなった。というのも、彼は僕が書いたように「ヘイト本を作ってネトウヨどもに売り捌いて儲けようと」したわけではなく、彼は彼なりの志を持って本を作っていたことがわかったからである。

では、蟹江社長はどのようにして右翼思想を抱くようになったのか。

「彼がどういう人かというと、まずは非常にスピリチュアル――精神世界を重視している人。この部分が後に『幸福の科学』ともつながってくる（『ジャパニズム』には幸福実現党党首・釈量子の連載がある・筆者注）。確か40代前半で大病をやってるんですよ。体調面でかなり苦労があったのでしょう。それをきっかけに精神世界に傾倒するんですよ。そこから、古事記や神道に入っていった、と思います。僕も、「ムー」などのオカルト雑誌をよく読みますから、この部分では気が合いました。だから、スピリチュアルから右翼、そしてネトウヨの世界に近づいていった人ですね。

山口敏太郎（作家）が青林堂から『前世』（2006年）という本を出していて、その中に特攻隊員の生まれ変わりの話があるんです。それを紹介してくれるところはないかと言って、チャンネル桜（CS／ネット放送局・筆者注）に持っていった。山口さんが本の紹介という体で、チャンネル桜の水島聡《さとる》さんが司会を務めるコーナーに出演した。それが青林堂と右翼業界が結びついた始まりだった、と蟹江本人が言っていました。だからこの雑誌はお金じゃないんですよ。採算度外視で、ほとんど蟹江の趣味。良く言えば彼の『理想』ということになる。でも人間って、趣味や理想にこそこだわるじゃないですか」

確かにそれはそのとおりである。であるとするなら、遠藤邦正編集長の首をすげ替えようと思ったのも、単に作家の原稿料の問題だけではないことになる。

「蟹江の理想というのは、ネトウヨ路線なんです。でも、それをなかなかやってくれる人がいない。遠藤さんの路線は重すぎたんだと思います。『編集費がかさんで』とか言ってましたけど、それは後付けに過ぎなかった。西尾さんに対しても『キレイごと保守』といった批判的な見方をしていたようですから。

そこで、7号で遠藤さんがやめて僕が編集長をやることになったんですけど、蟹江は僕ならネトウヨ路線にできるし、しかも若いから御しやすいと思ったんでしょうね。その上、そんなにお金がかからない。ただ、残念ながら僕は彼が期待していたネトウヨ路線という希望に応えられなかった。これは今でも僕は蟹江に対して一抹、申し訳ないことをしたと思っています。最初から、僕はそんな過激なネトウヨ路線はできません、と言えばよかったが、やっていくうちになんとか蟹江とも折り合いがつくだろうと多少の自信があったので、楽観して請け負った。結果、彼の理想とするネトウヨ路線からどんどんと乖離していった。蟹江も、わりと口下手な人なので、最後の最後まで自分の希望を言わない部分がある。直前に彼の好む原稿と差し替えたり、著者をすげ替えたり、特集が変更になったりと、混乱の連続でした。結局、人間関係の修復ができないほどまで険悪化して、終わりました。最後はもう、そんなに自分の『趣味』やら『理想』を貫きたいなら、人に任せるのではなく自分でやれば、という感じで離別した」

もちろん、古谷さんが「まっとうな保守」を貫こうとし、在特会などに批判的であれば、当然「ネット右翼路線」の雑誌など作れるはずがない。結局、8号から編集長になった古谷さんは11号（2013年2月刊）をもって解任されてしまう。

ケータイ漫画で当てた青林堂

それにしても、蟹江社長はどうしてこれほどまでに「ネット右翼路線」にこだわるのであろうか。

この点については、アルバイトのAさんの証言が印象的だった。

「そもそも蟹江さん自身がネット右翼。ネットばっかり見ている。在特会が大好きで、献金していたと聞いてます。

もともと内向的で口下手な人。模型が大好きで、ミリタリー物も好き。萌え系のかわいい絵も好きな人で、『ジャパニズム』の表紙の萌え系のイラストは、実は蟹江さんの趣味なんです」

なんと、あの表紙はオタク受けを狙ったのではなく、社長自身の趣味であったのか、とこれには仰天した。Aさんは続ける。

「2005～08年の、まだガラケーが主流だった時代に青林堂はすごく儲けていた。

わたしたちは『コミケに行ってこい』と言われて、そこで『18禁』やBL作家を探し、声をかけて二束三文で電子化するという仕事をしていました。それを105円から210円で課金していた。ものすごく潤っていた時代に『税金払うぐらいなら本作りたい』という動機で、自分の好きなネット右翼系の本や『ジャパニズム』を出しはじめた」

この点に関しては古谷さんも「本当に好きでやってるんですよ」と同調する。

2007年に銃刀法違反で逮捕された時48歳だった蟹江氏は、今年56歳になる。いささか早く来た萌え系オタクであるが、同じ世代ということで、僕は自分の高校のクラスメイトの中にいた、彼のようなタイプをありありと思い出すことができる。

内向的で無口で、黙々とプラモデルを作るのが好き。クラスにはあまりなじめず、ひょっとしていじめられていたのかもしれない。おそらくスポーツをやるタイプではない。まだオタクという言葉のなかった時代だが、「メカと美少女」が本気で好きだった庵野秀明（『新世紀エヴァンゲリオン』監督）もまさに同世代。つまりは『オタク第一世代』。同じようにミリタリーと美少女が好きだった蟹江社長も、違う道を歩めば何らかの表現者として成功したのかもしれない。

Aさんの証言によれば、蟹江社長は『アイドルマスター』や『ラブライブ』などの大ファンであり、『ストライク・ウィッチーズ』『ガールズ&パンツァー』など、ミリタリーと萌え系が合体したアニメを好んで見るという。そのセンスは20代のオタクたちにも近い。蟹江社長は、若いネトウヨたちと同様の感覚で、嫌韓嫌中を叫んでいるのかもしれない。そうした意味では確かに「そもそも蟹江さん自身がネット右翼」ということになるのだろう。

ヘイト版元は変われるか？

これまでオタク取材を続けてきた僕の感覚からすると、オタクは好きなキャラクターや世界観と戯れていくうちに少しずつ内面的に成長し、人格も成熟していく。そのように、蟹江社長が「変わる」可能性はないだろうか。

「どうですかね。少しでも気に入らないことを言う人間は、みんな『サヨクでしょ』と言って切り捨ててしまい、それ以上考えない。『ガロ』を作った白土三平にしても水木しげるにしても『サヨクでしょ』で片付けてしまうのかもしれませんね。当然この傾向は、蟹江のみならずネトウヨ全般に共通していますが」（古谷さん）

「サヨク」は蟹江社長の絶対的な悪として、そしてバカの代名詞として、つまりは「影《シャドウ》」として深々と根を下ろしているのだろう。彼は自分の気に入らないものは何でもかんでも「サヨク」という箱に押し込め、そこに蓋をして心理的に安住しているのだ。

しかし、前述したように、自分の「影」の中にこそ、自分が成長するためのエッセンスが豊富に詰まっている。そしてそれは本当は自分の中にあるものなのである。蟹江社長が自分の中にある「影」ときちんと向かい合えた時、彼の持つ排外主義的な思想はゆるやかにほどけていくはずである。広末さんも言っていたように「閉じこもって殻を作って切れていくというふうにしていても仕方が無い」のである。

そんな時は来るのだろうか。蟹江社長のような年齢になるとそれは難しいのかもしれない。しかし、同世代を生きた人間として、彼にいつかそんな時が来ることを願ってやまない。

第3章

『WiLL』vs.『NOヘイト！』誌上中継

花田編集長は「ヘイト本というほうがヘイト！」と逆ギレした

梶田陽介（ジャーナリスト）

「本のタイトルだけで〝ヘイト本〟と批判するなよ！　ヘイトスピーチじゃないか！」

『ＷｉＬＬ』（ワック）編集長・花田紀凱《かずよし》氏が逆ギレして、こう吠えたのは、２０１５年２月９日、東京・新宿のロフトプラスワンで行われた「『ＷｉＬＬ　vs.　ＮＯヘイト！』〜出版業界と『ヘイト本』ブーム〜」でのことだった。

このイベントは「嫌韓」「反中」を掲げ〝人種差別を助長する〟ヘイト本が書店を埋め尽くしている出版業界の状況を見て、パブリッシャーや文筆家たちが議論するという趣旨で開かれたのだが、そこに中国や韓国へのヘイト記事やヘイト本を連発している花田編集長がパネラーとして参加したのである。

開催の契機となったのは、本書の版元でもある「ころから」が刊行した『ＮＯヘイト！　出版の製造者責任を考える』（ヘイトスピーチと排外主義に加担しない出版関係者の会・編）という本だった。本書はその題名のとおり、業界内部から〝ヘイト本問題〟に切り込んだものなのだが、出版の約１カ月後、『ＷｉＬＬ』の出版元であるワック側から「当社が出している数点の書籍が〝ヘイト本〟と書かれていることに違和感を覚える」という旨のメールが届いたのだという。

そこで『W・iLL』編集長の花田氏を交え、公開の場で議論する運びとなったわけだが、開催にあたってはちょっとした悶着があった。

「敵前逃亡」した花田氏

当初主催者側から発表されていたのは、この開催日のちょうど2年前に「レイシストしばき隊」を始動し、その後も対レイシスト行動集団「C.R.A.C.」として活躍する野間易通《やすみち》氏と花田氏の「直接対決!」というフレコミだった。だが、花田氏は開催直前になって野間氏との「対決」を拒否。「『しばき隊』とかいう、知らない人とは話したくない」という理由から、出演辞退をころからの木瀬貴吉代表に打診したという。

結局、イベントは2部構成に変更され、花田氏は第1部で、ころからの木瀬氏と1対1で議論し、野間氏は第2部で保守系評論家・古谷経衡《つねひら》氏と対談する、という形になった。

野間氏は、『W・iLL』の〝熱心な〟読者であることを公言しており、形勢不利と見た「敵前逃亡」という感じもしなくもないが、そこは雑誌業界歴40年の重鎮らしく、花田氏は第1部で持論をまくしたてた。

たとえば、『NO！ヘイト』のなかで、『中国を永久に黙らせる100問100答』（渡部昇一／ワック）のタイトルが「ジェノサイドへの欲望が読み取れる」「誰かを『永久に黙らせる』のに一番よい方法は何か。ちょっと考えたら分かりますよね」と指摘されたことに対し、花田氏はこう噛み付いたのだ。

花田「これは、ようするに〝反論できないようにする〟〝論破する〟という意味。それをね、『ジェノサイド』とか言われたらたまったもんじゃないよ」

木瀬「だったら『永久に』という言葉は必要ないですよね？　『韓国・北朝鮮を永久に黙らせる100問100答』という本もワックから出されています」

花田「いやいや、これを韓国人とか中国人を『殺す』って読みとるほうがおかしいでしょ⁉」

木瀬「では『日本を永久に黙らせる〜』というタイトルの本があったとしても、同じことが言えますか？」

花田「黙らないよ、こっちは（笑）。反論すればいいわけでしょ。そもそも『殺す』

なんて思う奴なんていないよ！　ちょっとおかしいんじゃない⁉」

「永久に黙らせる」という言葉はギャング映画やサスペンス小説などで「殺す」という意味に使われる表現で、それ以外の使われ方はほとんどないと思うのだが、花田氏はあくまで「反論できないようにする」という意味だと言い張る。

花田「『殺せ！』と主張していると思う人なんていないです！　いたとしてもごく少数だよ！」

木瀬「少数ならいいんですか？」

花田「少数ならいたってしょうがないよ」

タイトル以上にひどい「中身」

しかし、ワックで問題なのは上述の書籍だけではない。花田編集長が「レイシズム雑誌なんかじゃない！」という『Ｗ・ｉＬＬ』の表紙や目次には毎号、こんな見出しが並んでいる。

「哀れな三等国、韓国」

「世界中で嫌われる韓国人とシナ人」

「恥知らぬ韓国とは国交断絶」

「韓国人は世界一の嘘吐き民族だ！」

「何と哀れな国民か　韓国人でなくてよかった」

「韓国こそ世界一の売春輸出大国だ」

「去勢しないと性犯罪を抑えられない国」……


どう見ても、特定の民族や人種への差別を煽動する文言――ヘイトスピーチだ。しかし、花田氏はこのイベントでもうひとつ、こんな弁明を繰り返し強調していた。

「タイトルはアイキャッチで、価値は中身で決まる」

「中身を読んでから批判しなさいよ」

しかし、実際に『WiLL』を読んでみると、その「中身」も十分に差別的だ。

たとえば、12年11月号の「世界の嫌われ者、韓国人とシナ人」という記事。これはイベントでも話題にのぼった『中国を永久に黙らせる〜』の著者・渡部昇一氏と『韓国・北朝鮮を永久に黙らせる〜』の著者・黄文雄氏の対談記事だが、中身を読むとタイトル以上に絶句させられる。
「日本は歴史に学ぶべきです。中国は韓国を一千年も属国にしてきましたが、なぜできたか。それはマキャベリの主張どおり、朝鮮半島を徹底的に叩き潰し、反抗心の芽すら摘み取るほどまでに締め上げたからです。ここまでやられれば、人間はおとなしくならざるを得ません」（黄）
「いまの日本は、対外的な政策では何をするにもあまりに緩い。（略）やはり、『韓国は敵性国である』という認識を持つことが第一歩でしょう」（渡部）
あるいは13年1月号、「韓国に学ぶものは何もない」という記事でも、やはり黄文雄氏にこんなことを書かせている。
「日本国内では『嘘つき』は排除されますが、韓国ではタブー視されていません。真実であるかどうかよりも、とにかく宣伝で認知されてしまえばこっちのもの、という民族性です」

「単なる自慢話なら勝手にしていればいいと思いますが、現実と乖離していることを自覚しながらそんな話ばかりしていると、それが原因で精神に異常をきたす可能性も否定できません。現在、韓国では精神病患者数が増加の一途を辿っており、自殺者も急増しています」

朝鮮半島を徹底的に叩き潰し、反抗心の芽すら摘み取るほどまでに締め上げることを称賛する。韓国人を十把一絡げにして、嘘つきと罵る。どこからどう読んでも、特定の民族や人種への差別を煽動する内容としか思えない。

「ネトウヨが読むのはタイトルと目次だけ」

また、仮に花田氏の言うように、それがタイトルだけの煽りだったとしても、ヘイトという批判を免れるわけではない。なぜなら、書店でこの種の出版物が大量に陳列された結果、多くの人がそれを目にすることになるからだ。

「国籍」という自分では動かすことが困難な属性をもった人々にそれがどういう効果をもつか。深く考えなくとも分かるはずだ。

世論への影響も見逃せない。この日のイベントの第2部で野間氏と対談した古谷氏によれば、ネトウヨは本を読まず、動画をメインとして情報を仕入れるので、『ＷｉＬＬ』の内容なんて全然読んでない」という。たしかに、ネトウヨの言動をみると、活字なんてほとんど触れていないだろう。だが、古谷氏はこうも言う。

「ネトウヨたちはタイトルと目次だけは読みます」

ようするに、憎悪を煽り立てる大量の「アイキャッチ」が、ネトウヨたちの背中を押し、小躍りさせ、ネットの中に、この国の路上に、ヘイトスピーチを溢れさせている。「タイトルはアイキャッチで、価値は中身で決まる」と花田氏は主張するが、差別意識丸出しの「アイキャッチ」を付けているのは、筆者ではなく、花田氏ら編集サイドであることは業界の常識だ。その「アイキャッチ」が、当事者を苦しめ、社会を萎縮させ、ネトウヨたちの差別を助長させているのだ。

ところが、花田氏にその想像力はなく、「どういうテーマが売れるかということでタイトルをつける。売れなければ話にならないから。雑誌も新聞もそう。当たり前でしょう」と、商売丸出しの論理で開き直るばかり。

「望むべき社会」のない出版人たち

しかも、最悪なのが、冒頭に紹介した「〝ヘイト本〟と批判することがヘイトスピーチじゃないか！」という逆ギレ発言だ。

実はこれ、ネトウヨがよく使う「〝ネトウヨ〟とレッテル貼りをして馬鹿にするのはヘイトスピーチだ！」という論法と全く同じなのだが、そもそも「ヘイトスピーチ」という言葉の使い方が間違っている。

ヘイトスピーチは、悪口や批判のことではない。容易に変更のきかない属性――とりわけ人種、民族、あるいは性的マイノリティなどに対して、差別を助長し煽動する言説や言葉のこと。

たとえば、安倍首相やネトウヨにたいしてどれだけ「クズ」とか「カス」とか言おうが、それはヘイトスピーチではない。首相はマイノリティーではないし、ネトウヨであることは今日にでもやめられる。だから差別ではなく、単に（下品な）批判にすぎない。

同様に、ネトウヨたちが、「しばき隊」などのカウンター側をどれだけ「反日！」「極左！」と叫ぼうが、『WiLL』が民主党をどれだけ「売国政党」と喚こうが、これもヘイトスピーチではない。ただの悪口だ。

ようするに、花田氏はそんなことも分かっていないことが明らかになったのである。そして、自分たちがこれだけ他人を傷つける差別表現を垂れ流しながら、自分たちへの批判に対して平気で「ヘイトスピーチだ」などといった被害妄想的なセリフを口にする。

そして、この「対談」でのハイライトのひとつは、第1部の終了間際に、木瀬氏が「花田さんは、雑誌作りがおもしろいという思いでやっておられる。では、その先に、どのような社会を望んで雑誌を作っているのか？」と質問したときの花田氏の返答だ。

一瞬言い淀んだ花田氏は「どのような社会？」と聞き直し、「いやいや、それはね、その今のね、あのー」とさらに言い淀む。

そしてひねり出した言葉が「日本がすべていいとは言いませんよ。もっと住みよい日本にしたい、もっと人が生きよい社会にしたい、そう思ってやってんじゃないですかね、はい」と、まるで他人事のような回答に終わった。

木瀬氏は「人とはどういう人？　外国人も入っててんですか？　住みよいとは具体的に？」と畳み掛けたものの、「いやいや、じゃあ、あなたに聞きたいんだけど」と質問をさえぎってしまった。

雑誌にしろ書籍にしろ、あるいは映画や芝居といった「表現」をなす者には、「理想の社会像」があって、その一翼を担うため、自ら表現者になるのではないのだろうか？　そういう前提があるから、ヘイトスピーチに反対する人たちは、花田氏やその他の出版関係者に対して、「どうして、あのようなヘイト本を作るのか？」と訝しむ。

しかし、肝心の作り手が「望むべき社会像」など考えもしなかったら――。

そこに、傾聴すべき「答え」などあるはずもない。


（ニュースサイト「リテラ」２０１５年2月11日付記事を加筆・修正）

第4章

検証・『関東大震災「朝鮮人虐殺」はなかった』

手品のように歴史をねじまげる『カラクリ』を明らかにする

加藤直樹（フリー編集者）

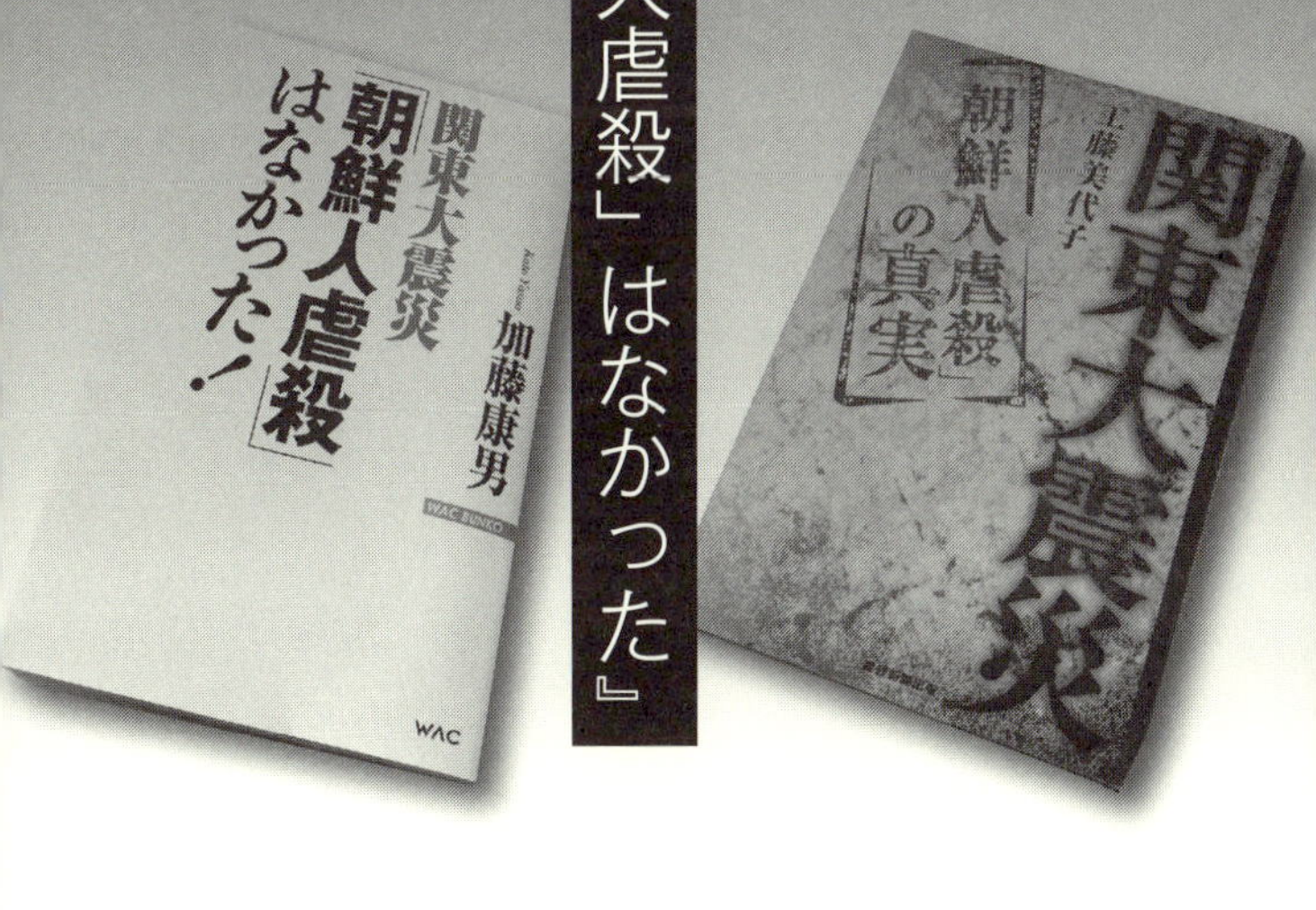

「ヘイト本」には、ある共通項がある。それは「歴史修正」ということだ。

『「在日特権」の虚構』を著した野間易通《やすみち》氏によれば、嫌韓反中本の氾濫は、雑誌『マルコポーロ』（文藝春秋）による「ガス室否定」によって端緒が開かれたという。

そして、第5章「羊頭狗肉度ランキング」にあげられた「ヘイト本」に共通するもうひとつの要素が数字だ。世論調査や統計の数字を恣意的に活用することで、読者に「この本はよく調べてある」と錯覚させる効果がある。

さて、本章で取り上げる『関東大震災「朝鮮人虐殺」はなかった』は、「歴史修正」と「数字」を駆使している点で、あまたの「ヘイト本」と共通している。

朝鮮人虐殺の史実を否定するその「カラクリ」を、『九月、東京の路上で』の著者・加藤直樹が分析し、そのトリックを明らかにする！

朝鮮人虐殺否定論のタネ本

数年前から、「関東大震災のときに朝鮮人が虐殺されたというのはウソだ」という言説を、インターネット上で見かけるようになった。

関東大震災が起こったのは1923年（大正12年）9月1日。東京都心と横浜市内は火災で壊滅し、死者数10万5000人という大惨事となった。このとき、混乱の中で「朝鮮人が井戸に毒を入れた」「朝鮮人が放火している」といった流言がひろがり、それを真に受けた一般の人々、あるいは軍などによって、多くの朝鮮人が虐殺された。中学校の教科書にも記述されている出来事である。正確な数は分からないが、被殺者は数千人に上るとも言われる。

ところが今、その朝鮮人虐殺が「なかった」と主張する人々が現れているのである。この「朝鮮人虐殺否定論」を言い出したのは、ノンフィクション作家の工藤美代子氏と、その夫の加藤康男氏である。2009年に工藤名義で『関東大震災「朝鮮人虐殺」の真実』（産経新聞出版）が刊行され、2014年にはそれに加筆した『関東大震災「朝鮮人虐殺」はなかった』（ワック）が、今度は加藤名義で刊行された。後者は前者の「新版」と銘打っている。内容も若干の加筆を除けばほぼ同一だ。

二人は「取材・執筆を共同で行ってきた」（2014年版あとがき）そうだから、『真実』も『なかった』も、実際には工藤美代子氏と加藤康男氏の共著ということなのだろう。ややこしいので、本稿では彼らの本のタイトルを『なかった』と表記し、著者をまとめて「工藤夫妻」と呼ぶことにする。

「朝鮮人虐殺はなかった」などという彼らの主張は、歴史学や社会学（流言研究）が蓄積してきた研究成果と照らし合わせても、荒唐無稽としか言いようがない。だが、少なからぬ人々がそれを信じてネットで拡散をしている以上、本の内容に即して批判しておく必要があるだろう。本稿の最後に触れるように、それが現実の世の中に悪しき波及効果を様々に及ぼしているのであるから、なおさらである。本稿では、工藤夫妻の『なかった』の主張を検証し、その内容がどうおかしいのかを明らかにする。

「根拠」は震災直後の流言記事

さて、『なかった』の主張を一言でまとめると〝朝鮮人虐殺なんてなかった。なぜなら、それは地震に乗じて暴動を起こした朝鮮人に対する日本人の反撃であって、一方的な虐殺ではなかったから〟ということになる。

「朝鮮人暴動」は、事実無根の流言だったというのが歴史学の常識である。ところが工藤夫妻は、これを真っ向から否定する。「朝鮮人暴動」は流言ではなく、実際にあったというのだ。

工藤夫妻が、朝鮮人暴動が実在した証拠として『なかった』の中で提示するのは、震災当時の新聞である。〝当時の新聞に「朝鮮人が暴動を起こしている」「朝鮮人が放火を行っている」と書いてあるではないか〟というのである。

工藤夫妻は『なかった』の中で、朝鮮人の暴動を伝える当時の記事を次から次へと引用する。

「不逞の鮮人約二千は腕を組んで（横浜）市中を横行」（河北新報9月6日）

「二百名の鮮人抜刀して目黒競馬場に集合せんとして警官隊と衝突」（東京日日新聞9月3日）

「品川には三日に横浜方面から三百人位の朝鮮人が押寄せ掠奪したり爆弾を投じたりするので近所の住民は獲物を以て戦ひました」（北海タイムス9月6日）

工藤夫妻が引用した震災直後の流言記事

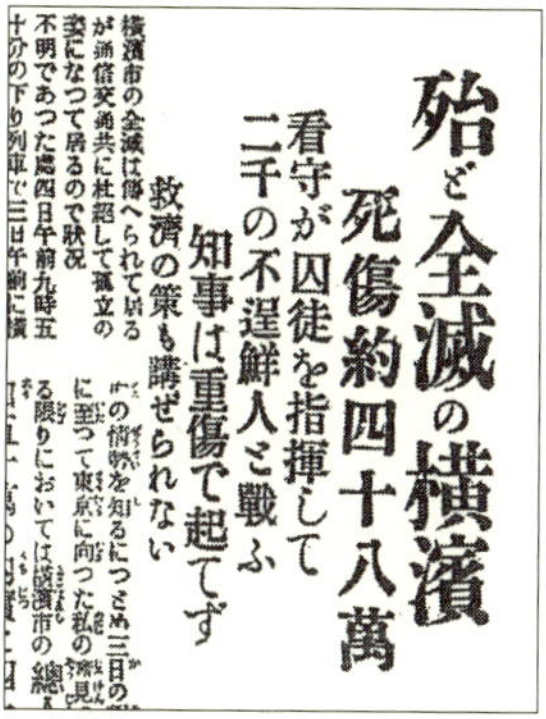
殆ど全滅の横濱
死傷約四十八萬
看守が囚徒を指揮して
二千の不逞鮮人と戰ふ
知事は重傷で起てず
救濟の策も講ぜられない

横濱市の全滅は傳へられて居る
が通信交通共に杜絶して孤立の
姿になつて居るので狀況
不明であつた處四日午前九時五
十分の下り列車で三日午前に横
の消息を知るにつとめ三日の
に至つて東京に向つた私の實見
る限りにおいては横濱市の總

河北新報９月６日付

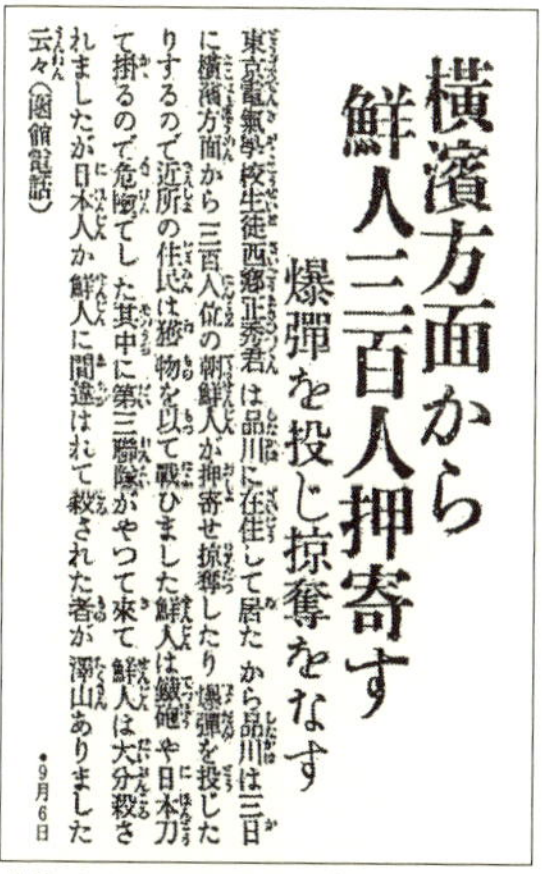
横濱方面から
鮮人三百人押寄す
爆彈を投じ掠奪をなす

東京電氣學校生徒西郷正秀君は品川に在住して居たから品川は三日
に横濱方面から三百人位の朝鮮人が押寄せ掠奪したり爆彈を投じた
りするので近所の住民は獲物を以て戰ひました鮮人は鐵砲や日本刀
で掛るので危險でした其中に第三聯隊がやつて來て鮮人は大分殺さ
れましたが日本人か鮮人に間違はれて殺された者が澤山ありました
云々（函館電話）
●9月6日

北海タイムス９月６日付

山田昭次編「朝鮮人虐殺関連新聞報道史料３」（緑蔭書房、2004年）

その生々しい迫力に圧倒される読者も多いのかもしれない。（すべて原文ママ。以下も同じ）

こんなにはっきりと朝鮮人の暴動を伝える記事が、これほど多く残されているのか。これまで教えられてきた歴史とは正反対ではないか――と。

工藤夫妻は、これらの記事の存在こそが暴動の証拠であるとして論を展開していく。朝鮮人が放火を行ったことも、井戸に毒を入れたことも、当時の新聞にははっきりと報道されているではないか、というのである。彼らは、当時の新聞報道をもとに事件の真相を次のように整理する。

朝鮮人テロリストたちは、以前から摂政宮（編集部注・当時の皇太子で後の昭和天皇）襲撃の計画を立てていたが、大地震が起きたので、これに乗じて首都を混乱に陥れるべく各地で蜂起し、放火や爆弾投擲、井戸への投毒を行った。これに対して、日本人の庶民は自警団を組織して反撃した。今日、「朝鮮人虐殺」と呼ばれているものは、この正当な反撃のことなのだ。当時の新聞にそう書いてあるではないか——。

しかし、この主張は、やはりおかしい。

確かに、震災当時の新聞の中には、「朝鮮人暴動」を伝える記事が無数に存在する。だがそれは、工藤夫妻が発見したことでも何でもない。関東大震災の研究者はもちろん、当時のことに興味をもって調べたことがある人なら、誰もが知るところだ。関東大震災期の新聞縮刷版の類は何種類も出ているのだから当然だろう。

「朝鮮人暴動」が盛んに報じられるのは、震災発生から1週間ほどの時期である。だがその後、朝鮮人暴動の記事はぱったりと姿を消してしまう。なぜだろうか。それを説明するには、まず震災当時の新聞社の状況を知る必要がある。

震災によって、東京市内にあった十数の新聞社は3社を除いて壊滅した。通信や交通も崩壊してしまった。そうした中で、とくに地方紙を中心に、避難民から聞き取った話などがそのまま掲載されるようになる。推測や噂が事実として活字となり、紙面に躍る。当然、後から考えればとんでもない虚報・誤報が横行する。「山本首相暗殺」「伊豆大島沈没」「富士山爆発」「名古屋全滅」、さらには「摂政宮が行方不明」といった号外までが飛び交った。警視庁の震災総括『大正大震火災誌』（1925年刊）はこの状況をこうまとめている。「災後、東京市内の日刊新聞紙が発行不如意なるに乗じ、近県発行新聞紙の競争的移入行はれしが、中には流

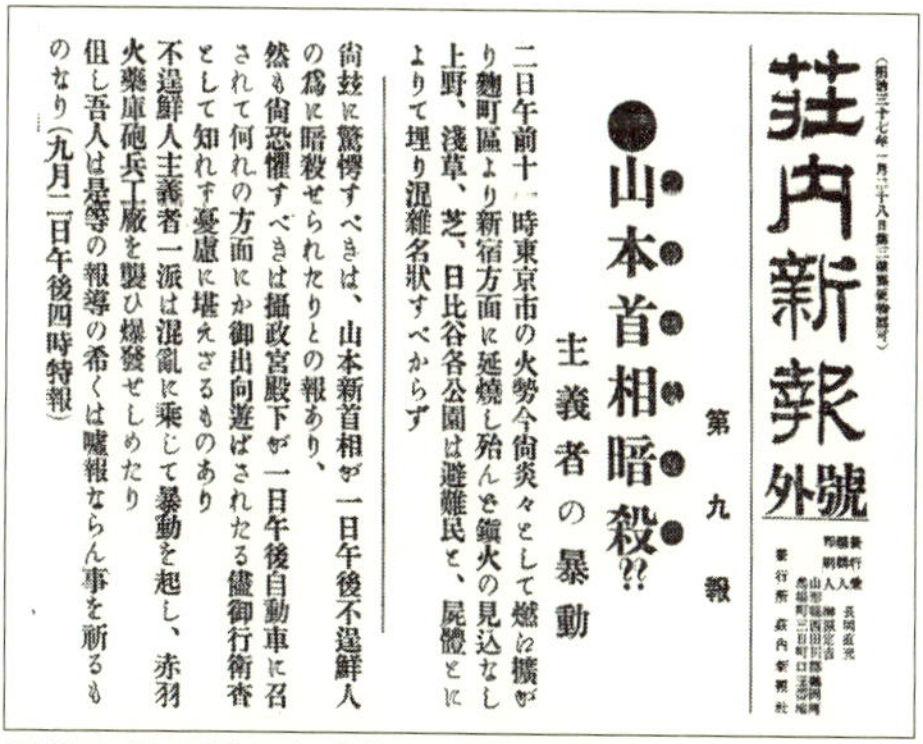
荘内新報 外號

第九報

●山本首相暗殺⁉

主義者の暴動

二日午前十一時東京市の火勢今尚炎々として燃に擴がり麹町區より新宿方面に延燒し殆んど鎭火の見込なし上野、淺草、芝、日比谷各公園は避難民と、屍體とによりて埋り混雑名狀すべからず

尙玆に驚愕すべきは、山本新首相が一日午後不逞鮮人の爲に暗殺せられたりとの報あり、然も尙恐懼すべきは攝政宮殿下が一日午後自動車に召されて何れの方面にか御出向遊ばされたる儘御行衛杳として知れず憂慮に堪えざるものあり

不逞鮮人主義者一派は混亂に乘じて暴動を起し、赤羽火藥庫砲兵工廠を襲ひ爆發せしめたり

但し吾人は是等の報導の希くは嘘報ならん事を祈るものなり（九月二日午後四時特報）

震災直後は様々な虚報・誤報が横行した

新聞資料ライブラリー『シリーズその日の新聞　関東大震災』（大空社、1992年）

言浮説を不用意に掲載して、人心を動揺せしむるものなきに非ず」。

「朝鮮人暴動」記事も、「流言浮説を不用意に掲載」したこの震災直後の産物である。だが「富士山爆発」とは異なり、こうした報道が治安をますます悪化させる恐れがあるという判断から、9月3日、警視庁は新聞各社に「朝鮮人の妄動に関する風説は虚伝にわたること極めて多く…一切掲載せざる様」（『大正大震火災誌』）にと要請する（注1）。7日にはついに、流言やその報道を罰則をもって取りしまる治安維持令が発せられた。これによってようやく、「朝鮮人暴動」記事は姿を消したのである。

公的にも完全否定された「朝鮮人暴動」

10月、朝鮮人をめぐる報道が解禁されたとき、もはや新聞は「朝鮮人暴動」を伝えることはなかった（注2）。新聞各紙がいっせいに書きたてたのは、「流言蜚語に迷って逆上していた」（北海タイムス10月14日）自警団が「鮮人と見れば片っ端から虐殺」（河北新報10月22日）した残酷な様相であり、彼らに対する検挙や裁判の報であり、加えて当初は流言を真に受けて虐殺を助長した行政の責任問題であった。当然のことだろう。

震災直後の混乱のさ中には、いったい何が起きているのか、分からないことが多かった。だが事態が沈静化してくれば、何が事実で何がそうでないのか、はっきりと見えてくる。暗殺されたはずの山本首相は国会に登壇し、沈んだはずの伊豆大島は海上にしっかり浮かんでいた。

「朝鮮人暴動」も同じである。たとえば冒頭に紹介した「不逞の鮮人約二千は腕を組んで（横浜）市中を横行」という記事だが、これも避難民が噂を語った9月5日付の談話である。ところが世の中が落ち着いてみると、そんな光景をこの目で見たという人は一人も現われなかった。さらに「（朝鮮人が）隊伍を組みて来襲せしなどのこと皆無なり」（神奈川県知事）、「之（編集部注・朝鮮人の悪事）を徹底的に調査せしに悉く事実無根に帰着せり」（神奈川警備隊司令官）と、公的な調査によってもその事実性は否定されていく。司法省や警視庁の震災報告も、当然ながら朝鮮人暴動は存在しなかったという認識に立っている。

震災直後の新聞が「朝鮮人暴動」を含む虚報・誤報を量産したことについても、同時代の文書に数多くの指摘がある。内務省の震災報告『大正震災誌』（１９２６年刊）には震災直後の誤報・虚報例が列記されているが、その中には「朝鮮人暴動」記事がいくつも見受けられる。また、生涯を新聞に捧げ、新聞の鬼という異名をとった記者の山根真治郎は、1941年に刊行した『誤報とその責任』で、震災直後の報道について「常軌を逸した誤報を重ねて悔を千歳に遺した」「いわく在留朝鮮人大挙武器をふるって市内に迫る、いわく毒物を井戸に投入した…数えるだにも苦悩を覚える」と振り返っている。

つまり、「朝鮮人暴動」などなかったし、「朝鮮人暴動」記事は、混乱がひどかった震災直後の誤報・虚報であった――というのが、あの時期を生きた人々自身の認識なのである。もちろんこれは、今に至る歴史学者や社会学者（流言研究）の認識でもある。

そして、工藤夫妻が『なかった』において暴動の「証拠」という文脈で引用している16本の史料中、12本が9月8日までの、つまり震災直後の新聞記事である（残りの4本は、朝鮮人が襲ってくると聞いて隠れたが、結局何も起こらなかったという類の回想を、「幸いにも直接攻撃を受けなかった経験」と曲解しているものなど）。つまり、工藤夫妻は、混乱によって情報が錯綜していた震災直後に出現した、流言に基づく「朝鮮人暴動」記事を書き写し、これが朝鮮人暴動があった証拠だ、とふれまわっているだけなのである。

政府が「朝鮮人暴動」を隠蔽!?

そのうえ、工藤夫妻が掲げるこの16本のうち11本までが、『現代史資料6　関東大震災と朝鮮人』（姜徳相／琴秉洞編、みすず書房、1963年）に収録されている史料である。『現代史資料6』は、虐殺研究の基本的な史料集成として有名な本で、たいていの大学図書館や地域の大型図書館には所蔵されている。つまり、『なかった』で引用されている「朝鮮人暴動」史料の多くは、誰でも簡単に入手できる有名な虐殺研究本に収録されている記事を、右から左に書き写しただけのものなのである。実際、工藤夫妻は後書きで『現代史資料6』編者に向けて謝辞まで書いている。

当然、歴史学者、社会学者たちはこれまで、『現代史資料6』のこれらの記事中の「朝鮮人暴動」の記述を流言と認識してきた。その同じ記事を、工藤夫妻だけは事実が書かれていると考えるわけだが、そうであればなぜそのような新しい読み方をするのかを説明する必要がある。言い換えると、「暴動は事実ではなかった。震災直後の新聞は流言を裏も取らずに書き散らした」という研究者たちの認識に対して、「朝鮮人暴動はホントにあった。その証拠に見ろ、震災直後の新聞にそう書いてあるじゃないか」と言い返すというのでは、何の「反証」にもなっていない。

ところが工藤夫妻はここで、思わぬ「反証」を行ってみせる。これらの新聞記事が「流言」に仕立てられてしまったのは、当時の政府が真実を隠蔽したからだ、というのだ。「実際に起きた事実をあとになって隠蔽し、『朝鮮人の襲撃はなかった』ことにしたのは、実は政府そのものなのである」(『なかった』)。つまり、震災直後の新聞報道は事実を伝えていたのであり、それが後に「流言」と貶められたのは、当時の政府が「朝鮮人暴動」を隠蔽したからだ、というのである。

なるほど、事実を伝えているのは震災直後にだけ現れる「朝鮮人暴動」記事の方であり、暴動を否定するその後の認識の方が全て政府の嘘なのだというわけだ。純粋な論理としては成り立たなくもない話である。

だが逆に言えば、工藤夫妻がこの「政府の隠蔽」説を立証できないのであれば、当時の行政機関とメディア、政府要人、そして一般人がこぞって否定している朝鮮人暴動の実在を証明することは絶望的だということになる。つまり、政府の隠蔽説は、工藤夫妻の主張する「朝鮮人暴動実在論＝朝鮮人虐殺否定論」が成立するために不可欠ということだ。工藤夫妻はこの説の妥当性をどのように証明してみせているのだろうか。

工藤夫妻によれば、隠蔽を主導したのは震災直後の1923年9月2日に就任した内務大臣・後藤新平（1857〜1929年）だという。後藤が、朝鮮人暴徒と戦う自警団を抑え込み、さらにメディアの統制や操作を通じて暴動の実在そのものを隠蔽していった。その理由は、〝朝鮮人テロリストをあまり追い詰めると、天皇や皇太子を襲うかもしれないから〟だ。

工藤夫妻は『なかった』の中で、隠蔽を推し進める後藤新平と、それに反発する警視庁官房主事・正力松太郎（後の読売新聞社主・1885〜1969年）のやりとりを小説のように描いてみせる。「後藤が打ち出した内務省の方針が、朝鮮人を救うこと、自警団の武装解除だったから正力は当初我が目を疑った。これでは市民の生命の安全は保障できないと、本気で後藤に噛み付いたことも一再ならずあった」（『なかった』）といった具合である。

ところが、こうしたやりとりにいかなる史料的裏づけがあるのか、本文では全く示されていない。巻末に仰々しく並べられた「参考文献」を1冊ずつ確かめても対応する記述は見当たらない。

当然である。そんな事実は存在しないからだ。鶴見祐輔による『正伝後藤新平』の中にも、正力の回顧録『悪戦苦闘』の中にも、「朝鮮人暴動」の隠蔽についてのはっきりした記述はおろか、ひそかに隠蔽があったことを匂わせる箇所もない。正力が「我が目を疑った」り、「本気で後藤に噛み付いた」りしたという記述もない。後藤についてのこれまでの研究書にもそんな指摘は見当たらない。それどころか、工藤夫妻が描いてみせるストーリーは、震災当時の政府の動向として分かっている多くの事実とさえ矛盾している。

このように工藤夫妻は、これまでの歴史学を覆す「政府の隠蔽」について小説のように書き連ねながら、その史料的根拠を全く示さないのである。いや、一つだけ、証拠らしきものを示している箇所がある。後藤新平の発言と称する次の台詞である。

「正力君、朝鮮人の暴動があったことは事実だし、自分は知らないわけではない。だがな、このまま自警団に任せて力で押し潰せば、彼らとてそのままは引き下がらないだろう。必ずその報復がくる。報復の矢先が万が一にも御上（編集部注・天皇）に向けられるようなことがあったら、腹を切ったくらいでは済まされない。だからここは、自警団には気の毒だが、引いてもらう。ねぎらいはするつもりだがね」（『なかった』）

「政府の隠蔽」を実に説明的に分かりやすく語ってくれているこの台詞は、ベースボール・マガジン社の創業者である池田恒雄氏（1911～2002年）が戦後、正力松太郎から聞いた後藤新平の言葉だそうだ。工藤夫妻が池田恒雄氏から直接、聞いたと主張している。これが事実なら、後藤自身が「暴動」隠蔽を認めていることになる。この引用に続いて工藤夫妻はこう続ける。「38歳の正力は百戦錬磨の後藤のこの言葉に感激し、以後、顔には出さずに『風評』（編集部注・朝鮮人暴動のこと）の打ち消し役に徹した」（『なかった』）。

唯一の証拠は「お父さんから聞いたお話」

しかし、である。どうしてここで唐突にベースボール・マガジン社の創業者なる人物が出てくるのだろうか。いったい、池田恒雄氏とは誰なのか。

実は、池田恒雄氏は工藤美代子氏の実父、すなわち、加藤康男氏の義父である。

つまり、工藤夫妻が「朝鮮人暴動説」成立に不可欠な「政府の隠蔽説」を証明するに当たって示した、たった一つの「証拠」は、「お父さんから聞いた（と称する）お話」なのだ。しかも、そのお父さんは震災当時の要人でもないし、目撃者ですらない。そして、それをお父さんから聞いた（と主張している）のは娘と義理の息子だけ。お父さん本人は本が出る何年も前に亡くなっている。そのうえ工藤夫妻は、池田氏が自分たちの父親であるという事実さえ、『なかった』の中では伏せている。

控え目に言って、こんな「証言」に証拠能力があると考える人がいたら、よほどのお人よしだろう。読者をバカにするにもほどがある。

結局、工藤夫妻は、「政府が朝鮮人暴動の事実を隠蔽したのだ」と主張しながら、その証拠を全く示せていない。「朝鮮人暴動」実在説が成立するために不可欠な「政府隠蔽説」を全く立証できず、空想を書き連ねることでお茶を濁しているのである。

朝鮮人虐殺の事実は隠せない

関東大震災時に事実無根の流言によって多くの朝鮮人が殺されたという歴史的事実の認識は、工藤夫妻が考えているより、あるいは読者にそう見せようとしているより、はるかに分厚い事実と記録にもとづいている。

司法省の報告を見れば、朝鮮人への暴行・殺傷によって起訴された日本人が500人以上もいる一方で、殺人・暴行や放火、強姦などの罪で起訴された朝鮮人は一人もいないことが分かる。また警視庁の震災報告『大正大震火災誌』には、どのような流言がどのように広まっていったのかについての詳細な調査結果が掲載されている。軍の文書には、朝鮮人暴徒鎮圧のために出動したがそんなものは存在しなかった、という記録がいくつもある。保守派の国民新聞社説は震災から2カ月後の11月、「流言に伴って、随所に朝鮮人に対する殺傷が行われた。虐殺さえも行われた」「この不祥事は蔽わんとして蔽う能わず」「簡明に言えば、日本人が朝鮮人を迫害したのである」と書いた。

これらは全て、後藤新平の「隠蔽」や「情報工作」の成果なのであろうか。だとすると、隠蔽を指示した側であるはずの内務省警保局、つまり特高警察が、震災の1年半後に在日朝鮮人の動向を詳細にまとめた内部文書『最近ニ於ケル在留朝鮮人ノ情況』にも、虐殺事件が「朝鮮人に対する不祥事件」という表現で記述されている一方で、「朝鮮人暴動」の話などまったく出てこないという事実をどう説明するのだろうか。

関東大震災は関東地方の数百万人が経験した大事件であるから、無数の人々が自らの経験や見聞を書き残している。政治家や文化人などに加えて庶民の証言も多い。手記や日記のほか、自治体や学者による聞き取り、老人ホームの思い出集まで、数え切れないほどだ。そのどこにも、腕を組んで横行する数千の朝鮮人をこの目で見たとか、爆弾を投げて歩く朝鮮人を見たとか、井戸の毒水を飲んで苦しむ人を見たといった目撃証言は残っていない。残っているのは、流言に怯えた記録であり、朝鮮人が迫害され、殺されるのを見たという記録ばかりである。

「朝鮮人暴動」が虚構であることや、罪のない多くの朝鮮人が残酷に殺されたことを否定することは、東京大空襲があったことを否定するのと同じくらい、不可能なことである。だからこそ、北岡伸一や伊藤隆のような保守派の歴史学者であっても、朝鮮人虐殺の史実そのものを疑おうとは考えもしないし、内閣府中央防災会議の専門調査会が2009年に発表した『1923関東大震災報告書第2編』でも、虐殺事件とその教訓に大きくページを割いているのである。

朝鮮人被殺者推計の怪しい操作

『なかった』の幹に当たる中心的な主張への基本的な批判は以上で尽きている。だが『なかった』には、それ以外の枝葉の部分でも、おかしな、そして誠実さを疑わせる論法や書きぶりが多々見受けられる。

たとえば、殺された朝鮮人の数をめぐる推計である。工藤夫妻は、これまでの研究では殺された朝鮮人の数を過大に見積もってきたと主張する。その根拠のひとつは、地震による死者数を考慮に入れていないということだ。あの震災では10万5000人が亡くなった。朝鮮人だってたくさん死んだはずだというのである。

工藤夫妻は実際に、地震による推定死者数を計算に組み入れながら、朝鮮人被殺者数を推測してみせる。具体的には、関東地方の朝鮮人人口（推計）から、地震による死者数と、地震・火災を生き延びて収容所に「保護検束」された数を差し引くことで、殺された朝鮮人の数を推計してみせるのである。その結果、工藤夫妻は朝鮮人被殺者数を約1000人と見積もる。

正確に言えば、工藤夫妻は司法省が殺人事件として立件した53件の殺人事件の被殺者

233人と、立件されていない被殺者約800人に分けている。工藤夫妻は立件されていない死者はテロリストに違いないと決め付けて「テロリストは800人」という小見出しをつけている。だが、すでに「朝鮮人暴動」など存在しなかったことを見てきた私たちは、この強引な主張に付き合う必要はないだろう。要するに工藤夫妻は、統計をいくつか重ね合わせる（操作する）ことで、朝鮮人被殺者数を約1000人と推計したということだ。

1000人という推定自体は、あまりにも過少だとまでは言えない。だが問題はその計算の「やり方」である。そもそもそれぞれに不確かな統計数字を何重にも操作する試み自体、信頼度は低いと思われるが、それ以上に、計算の過程におかしなことをやっているのが問題である。

細かいことを指摘していけばきりがないのだが、もっとも不審なのは、朝鮮人の地震・火災による推計死者数の割り出し方だ。工藤夫妻の方法論でいけば、地震・火災による死者数が多いほど、虐殺による死者数は減るわけだから、ここは重要なポイントである。

工藤夫妻は、地震による一般の死者の多くが、下町界隈、とくに本所区、深川区（現在の墨田区、江東区に位置する）で亡くなったことを指摘する。同時に、この地域は朝鮮人が多く住む場所であったと指摘する。そして、両区の日本人の死亡率が15％だから、粗末な住居に住んでいた朝鮮人の死亡率はもっと高いはずだとする。

「そこで、15パーセントより多目の20パーセントを対人口死亡率とし、被災基礎人口9800人に乗ずれば1960人という数字が死者、行方不明者として算出される」（『なかった』）

「被災基礎人口」とは、「東京近県」（東京府、神奈川、埼玉、千葉の各県）、つまり関東地方の朝鮮人人口（推定）を指している。この9800人という数字も、あからさまにおかしな（あるいは無知に基づく）統計操作で過少に算出しているのだが、長くなるのでここでは説明しない。ここで問題にしたいのは地震による死者数を20％と算定していることである。

関東地方の朝鮮人の20％が地震・火災で死んだのだという。これはよく考えるとおかしな数字である。関東大震災による死者数は10万5000人である。これを関東地方の当時の（日本人の）人口約800万人に当てはめれば、一般の死亡率はせいぜい1％超ということになる。なぜ朝鮮人だけは同じ地域で20％も死ぬことになるのか。

カギは、本所区と深川区という地名にある。実はこの両区は、関東大震災時の死亡率の高さで第1位と第3位を占めている。とくに第1位の本所区の死亡率は22％。2位の横浜の6・6％、3位の深川区の2・4％と比べても突出している（数字は諸井隆文／武村雅之「関東地震（1923年9月1日）による被害要因別死者数の推定」による）。なぜか。本所区には、3万8000人が火災旋風によって命を落としたことで有名な陸軍被服廠跡（現横網町公園とその周辺）があったからである。関東大震災全体の死者・行方不明者10万5000人のうち、36％が本所区で亡くなっているのだ。

つまり工藤夫妻は、この両区の突出した死亡率を関東全域に拡大して当てはめ、関東全域での地震による朝鮮人死者数を推測するという「計算」を行っているのだ。メチャクチャな話である。たとえて言えば、東日本大震災時に津波によって大きな被害を出した陸前高田の数字を東日本全域の人口に当てはめて、東日本大震災全体の死者数を「推測」するようなものだ。

史料扱いの不誠実さ

『なかった』の、不誠実な論法はこれだけではない。

たとえば、史料の引用に際して、「（略）」とも示さずに内容の一部をこっそり省略してしまうということを公然と行っている。先に示した「朝鮮人暴動」の証拠として示された史料16本の引用に限っても、そのうち7本で「こっそり省略」を行っている。しかもそのことを、なんと凡例で、「（略）と記した箇所以外にも読みやすさや紙幅の関係から省略した部分がある」とあらかじめ居直っているのである。こんな凡例は見たことがない。「紙幅の関係」であれば普通に（略）と明記すればよいだけではないか。

実際には、省略は「紙幅の関係」のみで行われているわけではない。中には、原文では噂として紹介されているエピソードを省略によって事実と誤読させたり、朝鮮人への迫害の場面を省いたり、ひどいものになると原文の論旨を完全にねじまげてしまっているものもある。決して長くない引用なのに、（略）と「こっそり省略」を合計8箇所も行って内容をブツ切りにしているものもある。論争的な歴史ノンフィクションで引用の原文を（略）と明示せずに省略するなど、ありえないことだ。

さらに、権威のある資料を「出典」として文末で示しつつ、しかしその実、原典に全く書いていないことを書き連ねるということまで行っている。『なかった』（p336）で、工藤夫妻は朝鮮総督府の治安官僚であった坪江汕二《つぼえせんじ》の『朝鮮民族独立運動秘史』（1966年）を出典として明示しながら、中国に拠点をもつ朝鮮人抗日テロリスト各派が、日本内地での皇太子暗殺計画を立てていた、「資金や実行部隊の確保、逃走ルートの確認等の準備」をしていたといった話を書いているのだが、実際には『秘史』中にはそんな記述は全く存在しない。

単なる稚拙な誤りもたくさんある。東京・音羽町を舞台にした生方敏郎（1882〜1969年）のエッセイを、横浜の話と思い込んで繰り返し言及するとか、「50本の巻きタバコが入る箱くらいの大きさの爆弾」という意味の史料原文を「爆弾50個」と読むとか、中国の安東県（現在の丹東市）を韓国・慶尚北道の安東市と誤解するとか、中国に存在する朝鮮人抗日組織が震災後の9月19日に朝鮮でのテロの準備を始めたという特高情報を、その3週間前の9月1日に彼らが東京でテロを「行った」証拠として掲げるとか、きりがないほどだ。

そもそも――「そもそも」すぎて力が抜けてしまうが――そもそも、ペンネームが変わるというのではなく、ほぼ同じ内容の本の著者そのものが交代するなどという話も、前代未聞である。しかも、「取材・執筆を共同で行ってきた関係から」（『なかった』後書き）著者名義を変えた――などというほとんど意味をなさない言い訳がなされているだけで、著者交代について何の説明もない。いったいぜんたい、どういうことなのだろうか。

虐殺の否定は、未来の虐殺につながる

『なかった』の内容的な検証は以上である。細かいことを指摘していけばまだまだキリがないが、およそまじめな議論に値する本ではないことは十分に理解していただけただろう。

歴史に大胆な仮説を提唱するトンデモ系の本というのは昔からいくらでもある。「ジンギスカンは源義経だった」とか、「古代アメリカは日本だった」とか、「アポロ11号は月に行っていない」といった類である。この手の本は、読者の側もいかがわしいのを承知で楽しむものであり、世の中にとって、とくに害はない。

だが、工藤夫妻の『なかった』が、論証レベルにおいてはその手の本と大差ないにもかかわらず、笑ってすますわけにはいかないのは、それが世の中に様々な害を及ぼしているからだ。

第一に、「虐殺否定論」は、被害者を加害者に仕立て上げるという道義的な罪を犯している。朝鮮民族が朝鮮民族であるというだけで無差別に殺されたという事件の本質を考えれば、これはホロコースト否定論と同様の悪質な行いである。

第二に、虐殺を否定するために、「朝鮮人が災害に乗じて悪事を行った」という当時の流言を復活させ、そのまま「事実」として主張していることの悪質さである。これは、次の災害時にも異民族が大規模な悪事を起こすだろうという思い込みや、それに対する「自衛反撃」を煽動するメッセージになりかねない。

第三に、内容がいかに荒唐無稽であっても、「朝鮮人虐殺」の事実そのものを否定してみせる本を刊行するだけで、歴史教育への攻撃をかけるキャンペーンが十分に可能になるからだ。実際、工藤夫妻はその役割をすでに果たしている。

2013年に産経新聞が横浜市の中学生向け副教本『わかるヨコハマ』中の関東大震

災時の虐殺についての記述を問題視する記事を掲載したとき、「関東大震災に詳しい識者」として紙面でコメントしていたのが工藤美代子氏であった（注3）。震災当時の流言記事を「証拠」として掲げるこの本を、ほかならぬ産経新聞出版が刊行したことの犯罪性も指摘しておくべきだろう。

先に紹介した内閣府中央防災会議の専門調査会による『1923関東大震災報告書第2編』は関東大震災の教訓として「過去の反省と民族差別の解消の努力が必要」「流言の発生、そして自然災害とテロの混同が現在も生じ得る事態であることを認識する必要がある」と指摘している。関東大震災時の朝鮮人虐殺という史実を教育現場から消し去ってしまうことは、あの事件から教訓を学ぶことで未来に備えること自体を放棄することだ。それは、虐殺の歴史を否認することで、未来の虐殺を準備することになりかねない。

工藤美代子『関東大震災「朝鮮人虐殺」の真実』、あるいは加藤康男『関東大震災「朝鮮人虐殺」はなかった』は、ホロコースト否定論と同じく、その歴史歪曲を通じて、現実に民族差別に基づく惨劇を再現させかねないという意味で、「ヘイト」を煽動していると言うことは可能だろう。

注1：警視庁も、少なくとも9月2日の夜までは、朝鮮人暴動を事実と思いこんで対応していた。そのことは、当時、警視庁官房主事であった正力松太郎の回想『悪戦苦闘』などからも分かる。

注2：「朝鮮人暴動」記事ではないが、10月20日に朝鮮人問題についての報道が解禁されて2、3日間は、自警団の虐殺に関する報道とともに「朝鮮人の犯罪」記事も登場する。これは、虐殺事件の意味をあいまい化するために司法省が発表した朝鮮人による犯罪リストを報じたものだ。そのほとんどは被疑者も不詳で、中には被害者さえ不詳のものもある。流言を集めただけと言っていい内容で信憑性は薄い。実際には、朝鮮人の起訴は12人のみで、多くは窃盗。殺人、放火、強姦などでの起訴はない。

注3：東京の教育委員会も同じ13年、中学校向け副教本『江戸から東京へ』中の関東大震災についての記述から「虐殺」の文字を消すなど、内容を後退させた。

参考文献◉諸井孝文、武村雅之「関東地震（１９２３年９月１日）による被害要因別死者数の推定」（日本地震工学会論文集 第 ４ 巻，第４号，２００４）。インターネットでＰＤＦ閲覧が可能。

内閣府中央防災会議専門調査会『１９２３関東大震災報告書第２編』
http://www.bousai.go.jp/kyoiku/kyokun/kyoukunnokeishou/rep/1923-kantoDAISHINSAI_2/

参考サイト◉関東大震災時の朝鮮人虐殺「否定論」については、こちらのサイトが多方面から検証し、批判している。

「朝鮮人虐殺はなかった」はなぜデタラメか——関東大震災時の朝鮮人虐殺を否定するネット上の流言を検証する
http://01sep1923.tokyo/

ブログ「9月、東京の路上で」（http://tokyo1923-2013.blogspot.jp/）を作成した「民族差別への抗議行動・知らせ隊」と「チーム１９２３」が合同で作成したもので、ネット上の虐殺否定論一般のほか工藤美代子・加藤康男両氏の著作についても詳細な批判を展開。加えて、朝鮮人・中国人虐殺について知りたい人向けに、当時の証言や記録、ネット上の重要資料へのリンクなども掲載されている。

第5章

読みたい人も、読みたくない人も必見

「ヘイト本」羊頭狗肉度ランキング

ころから編集部

「ヘイト本」とは、日本も批准している人種差別撤廃条約の第４条「人種差別を助長し及び扇動する団体及び組織的宣伝活動その他のすべての宣伝活動を違法であるとして禁止する」との定めに反して、差別煽動を行う出版物のことだ。

ただ、日本の出版業界ではタイトルと中身に齟齬《そご》をきたす、すなわち「羊頭狗肉」であることは、黙認されるという慣習もある。すなわち、本の内容については著者が責任を負うかわりに、「売らんかな」のタイトルや小見出しを付ける権利を出版社が有するとされている。

そのため、ヘイト本に限らず、タイトルから期待したような内容がないという本は少なくない。

そこで、ころから編集部が厳選した「ヘイト本」を羊頭狗肉度の観点からランキングした。まずは、２０１３年以降に刊行された本を中心に、タイトル的にヘイト度の高い本を選択。それを読み込んで、内容との齟齬がいかに大きいか、あるいは小さいかを比較した。

順位の高い方が羊頭狗肉であり、最下位がタイトルと同様に、あるいはタイトル以上に中身もひどいということになる。

ヘイト本を読みたいと思っている人にも、そして読みたくないと思っている人にも必ず役立つランキングといえる。

「ヘイト本」羊頭狗肉度ランキング・凡例とひとこと解説

書名▼ヘイト本の特徴に副題がないことが上げられる。アンチ・ヘイト本の多くが副題をもつのと対照的だ

書影▼装丁者も記載のあるものは表示。鈴木成一デザイン事務所など著名デザイナーを起用している版元もある

著者名・出版社名・刊行年月▼奥付の表記にしたがった

おもな目次▼原則として章タイトルを上げた。一部目次を割愛した場合も、冒頭部分を記載して恣意性を排除した

羊頭狗肉度 第1位！

書名◉バカが隣りに住んでいる

著者◉勝谷誠彦

出版社◉扶桑社（2015年1月刊行）

装丁：堀図案室

おもな目次

はじめに
2015
平成27年への警告の巻
2011
首相年頭会見の巻／ランドセル寄贈の巻／ジャスミン革命の巻
大相撲「八百長メール」の巻／転落防止ホームドアの巻
民主党16人が会派離脱の巻／入試問題投稿事件の巻
東日本大震災の巻／広がる災禍の巻／震災被害“偽装”の巻
震災後の経済失政の巻／原発事故報道の巻
両陛下、被災地ご訪問の巻／憲法と大地震の巻／“塩害利権”の巻
原発賠償支援の巻／東北に台風来襲かの巻
菅首相辞意表明の巻／インドネシア訪問の巻／「江口愛実」の巻
“北に献金”疑惑の巻／レバ刺し規制の巻／九州新幹線の巻
中国高速鉄道事故の巻／リスボンにての巻
メア氏更迭の真相の巻／富士総合火力演習の巻
福島物産品店中止の巻／台風12号・15号の巻

タイトルに即した内容は2割。詐欺級の羊頭狗肉本

関西のバラエティ番組を中心に、嫌韓反中コメントで人気の勝谷誠彦氏の最新刊。ここでいうバカとは、オブラートに包むことなく、「中国、韓国、北朝鮮である」と明示。そして、アメリカを加えて「それぞれがどう『バカ』なのかは楽しみながら検討していただきたい」と前口上で煽る。

が、週刊誌『SPA!』に連載した2011年以降のコラム160本を時系列に収録しただけに、「バカ」がテーマとして最初に登場するのは連載開始から5カ月もあと。しかも「北に献金疑惑」というのだから、「隣り」というよりも「身内」でもある菅元首相批判でしかない。

その後は、時流にのって「バカ」ものが増えるが、それでも全体で37本しかない。なんと「打率」2割3分! 表紙にも堂々と習近平氏や朴槿恵氏らの似顔絵を掲げているだけに、もはや詐欺に近い羊頭狗肉度だ。

ちなみに、「はじめに」で中韓朝の3国について「(隣りに)住み着いてしまっている」と表現。それって、まさに「(お前)モナー」の世界で、もしかしたら嫌韓反中に舞い上がる読者をいさめるために、この本を2015年になってから刊行したのだろうか。

であれば、この売らんかなのタイトルも秀逸であると言える。

羊頭狗肉度 第2位！

書名◉中国を永久に黙らせる100問100答

著者◉渡辺昇一

出版社◉ワック（2007年3月刊行）

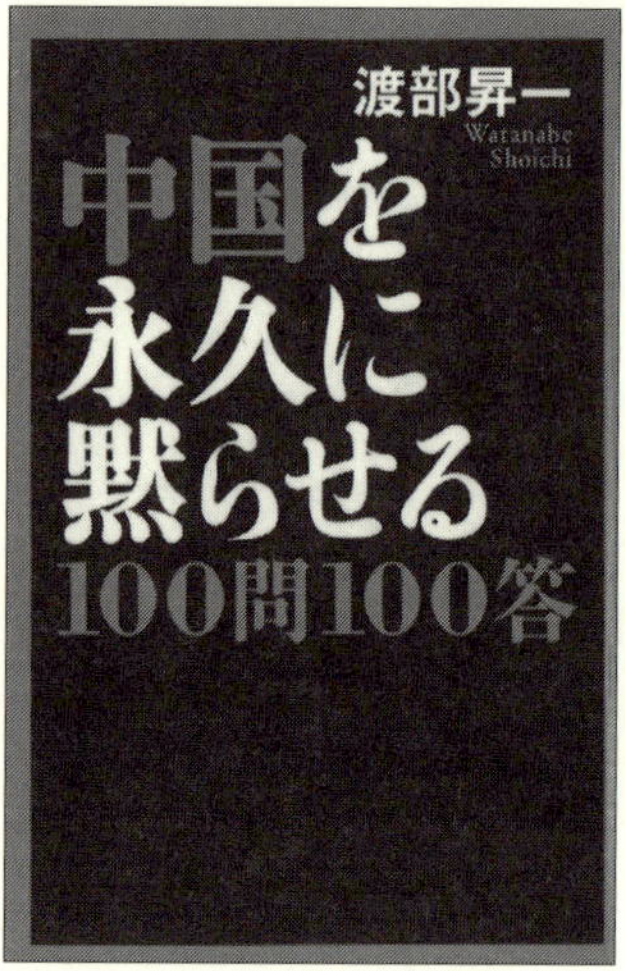

装丁：川上成夫

おもな目次

小学生も黙ってくれない凡回答。物理的に黙らせる？

フリー編集者の加藤直樹さんは２０１４年の講演で、ヘイト本について、「私が恐ろしいと思うのは、（中略）ジェノサイドへの欲望が読み取れること」と指摘。その一例として、この本を上げている（小社刊『ＮＯヘイト！』（２０１４年）より）。

ヘイトスピーチの危険性は、ジェノサイドの入口になりえるからだとされる。その意味で、誰かを「永久に黙らせる」ための本が書店に並ぶことを危惧するのは当然の感覚だ。

しかし、この本が書店に並ぶワケは、一読すれば分からなくもない。なぜなら、あまりに羊頭狗肉で、これではたとえ小学生が相手でも黙ってくれないからだ。

書名通りなのは１００問あることだけで、１００「答」にすらなっていない。たとえば、「アジア諸国は首相の靖国参拝に不快感を覚えている」への回答はわずか3行、「『アジア諸国』とひとくくりにするのは大きな間違い」と質問をはぐらかしている。一事が万事、なんと半数の30答が5行以内であしらわれている。かと思えば、「A級戦犯は極悪人だ」などは4ページにわたっており、あまりに稚拙な編集にがっかりすること確実。

こんな「答」では相手は黙らない。したがって、「永久に黙らせる」には、物理的に口を封じるしかないのでは？　そんな本が堂々と刊行されているのは悪夢としか言いようがない。

羊頭狗肉度――第3位！

書名◉もう、無韓心でいい

著者◉古谷経衡《つねひら》

出版社◉ワック（2015年1月刊行）

装丁：神長文夫＋柏田幸子

おもな目次

リベラル層にも売れるタイトルにすべきだった!?

いわゆる嫌韓本には、おやじギャグや、「うまいこと言った」感が満載で、行間から「ドヤ顔」が浮かんでくるようだ。たとえば、「なんでも韓国が起源だ」と主張する様を「ウリジナル」と揶揄する。その意味で、無関心を「無韓心」と言い換えるセンスは、嫌韓本のセオリーに則っている。

中身は、著者が5泊6日で韓国を訪れた話をマクラに、「小国・韓国」に過敏に反応するなと説く。エッセイながら、多くのデータを駆使して、韓国の国際的なプレゼンスの低さを強調する。それに対して、日本がどのように「大国」なのかは詳細には述べられておらず、「かつてヨーロッパ人に『黄金の国』と言わしめ、（略）西欧列強が三百年かけて成し遂げた近代化を、ものの四十年で達成した」とざっくり形容するのみだ。

それでいて、「『無韓心』は『嫌韓』に代わる二十一世紀型のソリューション（解決＝編集部注）である」と宣言するのは羊頭狗肉以外のなにものでもない。

著者は、「まっとうな保守」を自認する若手評論家だ。であれば、在日コリアンを深く傷つける（「愛」の反対語が「無関心」であることはよく知られたこと）ようなタイトルを選ぶべきではなかった。たとえば「相手どうこうではなく、ちゃんと日本のことを考えようぜ」的なタイトルで、リベラル層にもアピールした方が良かったのではないか？

羊頭狗肉度 第4位!

書名◉呆韓論

著者◉室谷克美

出版社◉産経新聞出版（2013年12月刊行）

装丁：朝倉まり

おもな目次

序章　妄想と非常識に巻き込まれた日本
第1章　「自由と民主主義」の価値を同じくしない国
第2章　恥を知らない国際非常識国家
第3章　反日ならすぐにバレる嘘でも吐く
第4章　世界から軽蔑される哀れな反日病
第5章　歪みだらけのオンリー・イン・コリア
第6章　呆れかえるウリジナルの暴走
第7章　本当に恐ろしい人間差別大国
第8章　「売春輸出大国」の鉄面皮
第9章　わかりあえない不衛生・不法・不道徳
第10章　反撃の種「対馬」の仕込み方
終章　官邸、皇居の耳目役への警鐘
おわりに

罪深い「おやじギャグ」がウケてベストセラーに

時事通信の元ソウル特派員による『悪韓論』に続く著作。「タイトルだけでヘイト本のレッテルを貼るな」と主張する読者に数多く恵まれて、2014年の新書部門売上で1位に。が、その中身は羊頭狗肉であり、一方で内実をともなっている。

たとえば、「はじめに」で「日本人は韓国について、もっともっと知っておくべきだ」と書いたわずか5行先で、「（本書を）『呆韓論』の書名にした。これを『アキカンロン』と呼んでもらっても結構。何しろ、レッテルは立派だが、中身のない空き缶のような国と民について論じているのだから」とレイシズムを丸出しにする。

そのアンビバレンツさは、日本のマスコミがお得意の、醜悪な「両論併記」の典型ともいえる。データを駆使するのが室谷節の特色とされるが、たとえば「1980年代の世論調査では、日本統治時代を実際に体験した高齢層ほど反日の比率は低かった」（P22）としながらも、その比較数値を出さないのは、どうしたわけか。

とまれ。「おわりに」で、日本を「仮想敵国」視する韓国には情報戦を仕掛け、その結果「PK――朴槿恵――大統領はいずれ、PK――ペナルティ・コリア――の痛みに、号泣する」と締めくくるような駄洒落好きだから、このタイトルが生まれたのであろう。が、ここまで罪深いおやじギャグは「アッカン」でしょ？

羊頭狗肉度——第5位！

書名◉嘘だらけの日韓近現代史

著者◉倉山満

出版社◉扶桑社新書（2013年12月刊行）

装丁：記載なし

おもな目次

ファンタジーと妄想の「倉山史観」が花開く

70年代生まれの「憲政史研究者」による本書は、「羊頭狗肉」というよりも、明らかに間違ったタイトルといえる。『嘘だらけ』ではなく、「倉山史観」ともいうべき「ファンタジー」あるいは「妄想」が満載だからだ。その意味で、ビミョーな5位にランクイン。

たとえば、倉山史観では、「一昔前に、〝日韓〟などと銘打った本を書けば（略）一生どころか七代末の子孫まで『親韓派』として差別されかねな」（P6）かったそうだ。また、NHKは『反日放送局』と揶揄される存在で（P231）、日銀は日本政府の意向を無視して「中国の国益に奉仕してきたことは間違いない事実」だ（P238）と畳み掛ける。

さらに、倉山氏によると、財務省の木下事務次官によって、安倍首相はすでに倒されたというのだから（P245）、国民が眼前にしている2015年の安倍内閣は幻だとでも言うのだろうか？

それにしても、このような妄想家の本を刊行する出版社のいかに多いことか。本書の扶桑社以外に、光文社、講談社、アスペクト、イースト・プレス、徳間書店、KADOKAWA、PHP、ハート出版といった大小いくつもの版元から著作が刊行されている。

おそらく、「死ね、殺せ」ではない、「きれいなヘイト」の体裁が重用される理由であろうが、まさに出版の製造者責任が問われる。

羊頭狗肉度……第6位！

書名◉笑えるほどたちが悪い韓国の話

著者◉竹田恒泰

出版社◉ビジネス社（2014年3月刊行）

装丁：尾形忍（パワーハウス）

おもな目次

他者を嘲笑することに執心する元皇族の甥っ子

6位とはいえ、ここから先は「内実をともなった」ヘイト本が続く。

著者は、「明治天皇の玄孫《やしゃご》」をウリにするものの、戦後生まれのため皇族だったことが一度もない竹田恒和氏の長男。叔父らが皇籍にあった時代も当然知らない。

それはともかく、「韓国の不愉快なエピソードが満載」と「はじめに」で宣言する本書は、ネットで無料配信された番組を書籍化したもの。そのネット番組は、新聞報道を元ネタにしていて、本書には122本の記事が引用されている。が、そのちょうど半分の61本は産経新聞（MSN産経ニュースを含む）からの転載。ほかに「週刊ポスト」や「SAPIO」などから引用されている。すなわち、自らの取材ではなく、産経新聞などの韓国ネタを嫌韓モノに変換し、増幅する機能を果たしていると言える。

しかも、韓国企業を「朴李—パクリ—の常習犯」だとか、「韓国とかけてハエと解く、そのこころは五月蝿《うるさ》い」など、下品かつ意味不明な描写がこれでもかと続く。さらに、目次にあるように、「してないじゃん」などの若者言葉（？）を連発するのは、「元皇族」の子孫というブランディングの上ではどうなのか……。

いずれにしても、朴政権をダシに韓国民全体を嘲笑するという、笑えないほどタチの悪いヘイト本だ。

羊頭狗肉度 第7位！

書名◉韓国人による恥韓論

著者◉シンシアリー

出版社◉扶桑社新書（2014年5月刊行）

装丁：記載なし

おもな目次

はじめに――韓国人である私が「反日」にならず、ありのままの韓国を告げる理由
序章　韓国を絶対的に支配する「反日教」
第一章　韓国を狂わせた「反日」の起源
第二章　善悪を失った韓国の愚かな「基準」
第三章　韓国がひた隠す自国の性奴隷
第四章　だから「反日」は急激に悪化していく
第五章　荒唐無稽な選択・新「李承晩ライン」
第六章　見苦しい国・韓国の最大の弱点
終章　韓国人である私が知ってほしいこと

在韓韓国人「誠実な李」が描く「反日教」の正体

ありもしない「在日特権」を批判する人の常套句に、「私も在日韓国人の友人がいるが…」というのがある。これは、アメリカ黒人の権利拡充に否定的な白人が、必ずと言っていいほど「私にも黒人の友人がいるが…」と前置きするのと同じだ。

そして、本書の著者シンシアリー（直訳すると「誠実な李」）は、自称韓国在住の韓国人。アニメで日本語を覚え、日本語でブログを書くようになったが、米国の学者アイルランドを「アイランドさん」と表記し（P6）、また『「敬老」思想の現住所』（P37）など、こなれない日本語が散見される。また、タイトルについて「最初は『恥韓』という言葉にも拒否感がなかったわけでもありません」と書く。しかし、「隠すほうがもっと恥ずかしい」という論理で、「韓国を支配する『反日教』の正体」を描く。が、本人がメディアに姿を現したことはない。

かつて、岩波書店は軍事政権下の韓国を伝えようと、日本在住の韓国人に匿名で「現地リポート」をさせた。後に、筆者だったと名乗り出た人物は、読者に事実を隠して「通信」を書き続けたことを謝罪した。

「在日特権を許さない市民の会」のネーミングからも明らかなように、いまレイシストはかつてのリベラルの「手口を学んで」いる。「誠実な李」が読者に謝罪する日が来なければいいのだが……。

羊頭狗肉度　第8位！

書名◉どの面《ツラ》下げての韓国人

著者◉豊田有恒

出版社◉祥伝社新書（2014年4月刊行）

装丁：盛川和洋

おもな目次

韓国人の知己多き大家がどの面下げての嫌韓!?

１９８０年代にＳＦ作家クラブの会長まで務めた大家が、どうして嫌韓モノを？　と訝しむかつてのファンもいるだろう。

豊田氏は、軍政時代から韓国好きを広言し、韓国語にも堪能で、『韓国の挑戦』（１９７８年）という本も出している。それが、どの面下げてか嫌韓モノに手を染め始めたのは90年代初め。韓国が軍政を脱し、民主化が進み、人々が自由にモノが言えるようになった頃だ。

「現在の韓国は、いわば、バーチャルな日本に対して、敵意を剥き出しにしている」（Ｐ４）と分析する一方で、「韓国の新たな主敵とは、とりもなおさずわが日本である」（Ｐ22）と、まさにバーチャルな韓国に対して敵意を剥き出しにするのだ。

また、朝鮮半島がいかに侵略を受けてきたかを語る第三章では、全体の53ページ中38ページを近代日本による「侵入」に言及している。９６０回を数える外敵の内わずか１回にこれだけの紙幅を費やすのは、ベテラン「知韓派」の意地だろうか。

著者は韓国に多くの知己（自分の考えを理解している人）を持つという。しかし、「韓国・朝鮮人には、どの面下げてという感覚が欠如している」（Ｐ２０３）、「（日本人は）韓国の虚言、捏造と戦わねばならない」（Ｐ２１３）といった考えをも理解されているとするのは、もはやＳＦというしかない。

羊頭狗肉度 第9位！

書名◉「食人文化」で読み解く中国人の正体

著者◉黄文雄《こうぶんゆう》

出版社◉ヒカルランド（2013年6月刊行）

「食人文化」で読み解く中国人の正体
ヒカルランド
なぜ食べ続けてきたのか!?
日本人が《中国人の暗黒の超感性》を理解する日は決してこない！
想像を絶する隣国人の裏面史
台湾、ヨーロッパで大ロングセラー！！
黄文雄
Kou Bunyu

装丁：鈴木成一デザイン室

おもな目次

繰り返し読んだ編集者に畏敬の念を抱くレベル

これは、かなり異質なヘイト本である。対象が中国であることではなく、このタイトルそのままの内容だからだ。世間的には大げさなタイトルほど、「比喩かなんかでしょ?」という了解があるが、この本は、言葉通りの「人間を食う中国人」を描く。その意味で、羊頭狗肉度は限りなく低い——そういう異質さである。

著者は日本支配下の台湾に生まれ、戦後の早稲田大学などで学んだ。『反日教育を煽る中国の大罪』(2005年)など、著書100冊以上という売れっ子だ。

「(中国では)文明の発展が『食人』を拡大させ」たなどと書くが、その多くは飢饉による凄惨な情景を後世に伝えた文献からの引用が目立つ。それを言い出せば、山岸凉子の『鬼』(1997年)では、天保の大飢饉の際に捨てられた子が同じ境遇の子を食う場面が描かれているように、日本でも悲惨な現実があった。しかし、それを現代の「日本文化」だと言うことが許されるだろうか? なのに、ためらうことなく「食人は中国人の文化だ」と書きたてる。

とにかく、読むのがつらい本である。苦痛と言ってよい。もし、この本の読者に編集者あるいは校正者がいたなら、属性差別満載の原稿を繰り返し読んだ同業者に畏敬の念を抱かずにはいられないだろう。「私には無理だ……」と。

羊頭狗肉度 第10位！

書名◉大嫌韓時代

著者◉桜井誠

出版社◉青林堂（2014年9月刊行）

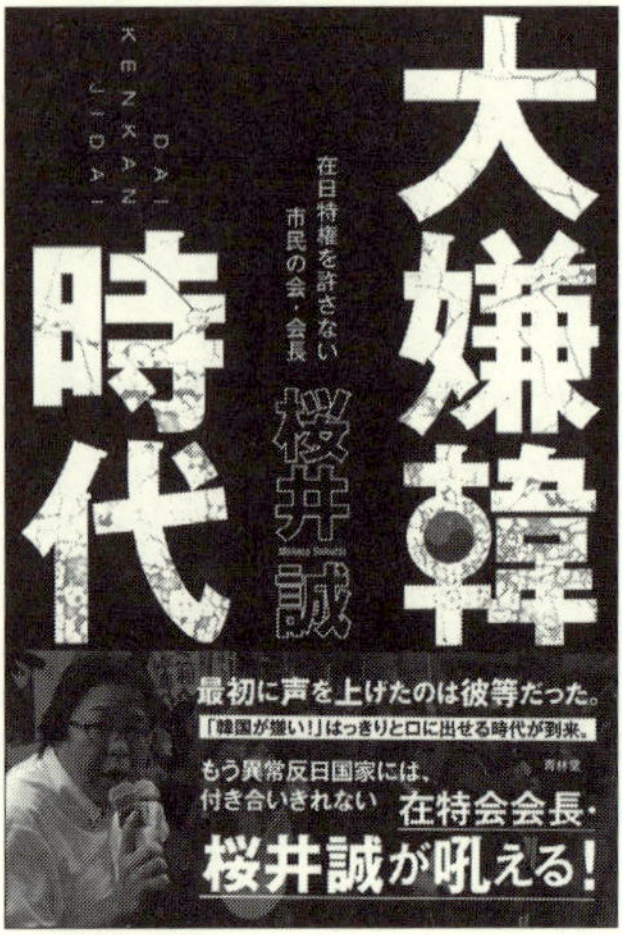

装丁：古名昌（はんぺんデザイン）

おもな目次

はじめに
第一章　異常反日が吹き荒れる韓国
　世界最貧国だった韓国／反日だけが民族のアイデンティティ／政権浮揚策としての反日麻薬
第二章　竹島問題の新たな局面
　李承晩ラインで日本人を拉致・殺傷／于山島は竹島ではない
第三章　在日という異常反日集団
　在日の虚構「強制連行」／北朝鮮の「強制連行八百万人説」／日本人より優遇された朝鮮人炭坑労働者
第四章　新時代を拓く「行動する保守運動」
　躍進を続ける保守運動と在特会／在特会の設立を決意した理由
第五章　アジア主義との決別
　日本はアジアから孤立しているのか？／GHQによるWGIP（認罪教育）の呪縛
あとがき

荒唐無稽の本家。反差別勢は「言葉」を取り戻せ！

記念すべき「ヘイト本」羊頭狗肉度最下位は、「日本国民の過半数が『韓国が嫌い』『韓国を信用できない』とはっきり意思表示する大嫌韓時代が到来しました」（P206）と高らかに「勝利宣言」する、通名・桜井誠の最新刊だ。

内容は、相変わらずのデマ・中傷のオンパレードだが、初歩的な間違いも多い。たとえば、在特会の設立準備会開催を「二〇〇五年十二月」（正しくは06年12月）としたり、東京・新大久保での排外デモが盛んになった2013年1月を「当時の政府は左派政権の民主党」（正しくは自公政権）としている。また、福田康夫元首相を「社民党や共産党に在籍していてもおかしくない人物」（P164）と形容するなど、妄想が暴走している点も見過ごせない。

しかし、これら「事実」の間違いをいくら指摘しても、彼らが動じることはない。重要なのは、この本が「勝利宣言」であり、「勝って兜の緒を締めよ」としていることだ。

言うに事欠いて、彼はこの本をこのように締めくくる。

「勇気を持って支那や南北朝鮮との関係を断ち切り、ほかの正常なアジア各国と手を取り合える世界を築き得たとき（略）初めて日本は『国際社会において名誉ある地位を占める』国家となり得る」と。もちろん、リベラルが金科玉条とする日本国憲法前文からの援用である。

この荒唐無稽さの前に、どのような「言葉」を持ちうるのか、試されている。

羊頭狗肉度 番外

書名◉マンガ大嫌韓流

著者◉山野車輪（丹波秀明・原作協力）

出版社◉晋遊舎（2015年5月刊行）

装丁：記載なし

おもな目次

ゾンビのごとく蘇った「元祖」。驚きのヘイト本

羊頭狗肉度ランキングが定まった後に、驚きのヘイト本が刊行された。ヘイト本の嚆矢とされる『マンガ嫌韓流』（2005年）の第5弾だ。とはいえ、第4弾（2009年）から6年を経て、この間に『「在日特権」の虚構』（2013年）などによって、在日コリアンを攻撃する「論拠」は完全に論破されている。

にも関わらず、ゾンビのごとく、ソレは蘇った。

第1弾では「HUNTER×HUNTER」風味だった絵柄が、「DEATH NOTE」風にイメージチェンジ。そして、元晋遊舎社員の丹波氏が原作者として付いている。

従軍慰安婦や強制連行について歴史捏造を繰り返し、「奴ら（韓国人）が外道でよかった」「俺も遠慮なく残酷になれる」「日韓戦争を見据えて準備をしておく必要がある」といったセリフが散りばめられている。さらには、在日コリアンを潜在敵とみなし、「なぜあなたたちは『出ていけ』と言われることに対してその原因を考えたり」「自業自得として受け止めて反省しようと思わないの？」とまで言い切る。

その表紙において、「韓国に反撃開始!!」などと煽るマンガが書店に平積みされることに抗しないなら、すでにレイシズムと排外主義に加担していると言っていいのではないだろうか。

※本書の刊行については次章で詳しく言及しているので併せて参照ください。

第6章

『マンガ大嫌韓流』発行人との対話

「山中よ、デマを流して憎悪煽動するものと闘え。参戦せよ」

木村元彦（ジャーナリスト）

晋遊舎《しんゆうしゃ》の発行人である山中進編集局長からいきなりメールが来たのは昨年の9月8日であった。

丁寧な書き出しで、こうあった。

突然のご連絡失礼します。

私、株式会社晋遊舎という出版社で編集をしております山中と申すものです。

ご連絡を致しましたのはご執筆のご依頼なのですが、

今回弊社で出版予定の書籍テーマであれば木村先生が最適であろうとのことでご連絡させていただきました。

オファーの内容としてはコソボで活動しているバルカン室内管弦楽団の日本人指揮者Y氏について書いてもらえないか、というものであった。

「Y氏は旧ユーゴ・コソボを中心に活躍している日本人指揮者の方でして、セルビア人、アルバニア人、マケドニア人、ボスニア人などの多民族混成のバルカン室内管弦楽団を設立した方です」

Y氏と晋遊舎の武田会長がコンサートで知り合って出版を持ちかけられたという。

フィクショナルな「敵」

晋遊舎といえば、あの事実無根の「在日特権」を最初に紙で流布した『マンガ嫌韓流』（山野車輪・2005年）シリーズの版元である。私が同書を知ったのは、刊行直後にサッカー好きの知人が「木村さん、韓国人ってやっぱクズですね。これ読んで分かりましたよ」と埼玉スタジアムに持ってきたからである。

ちょうど2002年のサッカー日韓ワールドカップ後に韓国びいきの判定が話題になり、ドイツW杯予選では日本が北朝鮮と同グループに入って安英学《アンヨンハッ》、李漢宰《リハンジェ》の在日選手が登場して注目を集めていた頃である。一読してメチャクチャ怒鳴ったのを今でも覚えている。

「こんなモン、ゼニ出して買ってんじゃねーよ！」

「真の韓国が明らかになる」と銘打ちながら賠償問題を解決済みとするための恣意的なレトリック、意図的とも思える日韓基本条約の誤認（コモンズ刊『「マンガ嫌韓流」のここがデタラメ』p35）など、朝鮮近現代史の太田修佛教大学助教授（現同志社大学教授）を筆頭に多くの学者から過ちを指摘されることになる「歴史修正」と何より、韓国人男性の顔を一様に角ばったつり目で描き、ネット上の流言飛語をソースにしたコリアバッシングを繰り返す悪意に腸《はらわた》が煮えくり返った。

特に在日の地方参政権を認めれば「県レベルでの乗っ取りも可能」と日本人立ち入り禁止の弾幕を掲げたコリアンの絵の中で断言する（p184）憎悪煽動には憤りを禁じえなかった。ユダヤ人を貶めた偽書「シオン賢者の議定書」を想起させた。

私は在日の参政権については日本国籍の取得のハードルを下げることでクリアすべきとの考えであり、議論を重ねることは重要だと思うが、「奴らに権利を与えたら俺たちを追い出しにかかるぞ！」というこの煽り方が、過去旧ユーゴスラビアで見聞してきた「民族浄化」のロジックそのものであったからだ。ユーゴ社会はこの煽動で壊されたのだ。

同時に「今、このパターンの本は売れるだろう」とも思った。マジョリティにおもねったポピュリズムであってジャーナリズムではないが、日韓W杯で持った嫌韓感情に「お墨付き」を与え、鬱屈した気持ちを代弁することで不満を持っている人々の「共感」が得られる。自分たちこそが被害者であると規定し、閉塞感をフィクショナルな「敵」を作って糾弾することでカタルシスが獲得できるのだ。

真実か否かはどうでも良いことで、属性を全肯定すれば人はその心地よさに靡《なび》く。そしてそのフィクションが荒唐無稽に大きいほど求心力も肥大する。これまたクロアチアの極右政治家フラーニョ・トゥジマンが政権奪取に使った手法である。

山野車輪のマンガ原稿が各社に出版拒否をされたのはタブーに切り込んだ問題作だったからではなく、どんなに売れようが、こんなデマに基づく憎悪煽動本を出して社会を壊していけないという各社の編集者の矜持によって拒否されたからに他ならない。

差別煽動版元からのオファー

その『マンガ嫌韓流』の版元が私に執筆依頼だと? 後日、東京・京橋のカフェで待ち合わせて会いに行くと、部下を連れたこざっぱりした身なりの礼儀正しい青年がいた。それが山中であった。

まずY氏の本は書き気が無いことを冒頭に伝えた。その理由を長々と述べることは本稿のテーマと外れるので簡潔に書くと、1998年からコソボ問題を現地で追ってきた物書きとして、氏の活動については好意的に捉えようと期待を持って直接取材した事があるが、NATO空爆に対する見識が無く、コソボの人道破綻が起き続けているマイノリティのセルビア人エンクレイブ（居住地）への関心を払わず、当時そこに行ったことが一度も無いという事実に失望したこと。暮らしているという首都プリシュティナはイラクの様な戦地でもないのに武勇伝のごとく「戦場、命がけ、平和ボケ」の言葉を吐き、なぜコソボフィルの指揮を執ろうとしたのかの質問に「セルビアがまた攻めて来たら、タクトではなく銃を持って戦うと言ったフィルの指揮者に感動して」という。民族融和をうたっておきながら、こんな安いナルシスティックな決めゼリフを吐くほどにとんちんかんだったこと。イラク支援の高遠菜穂子さんやサラエボフットボールの森田太郎君を取材した際には、現地の状況を伝えて欲しいという切実さがあった。しかしＹ氏のそれは取材というよりも音楽活動のプロモーションだった。
さらに、当然コソボ内での多民族共生を考えているフィルハーモニーだと思い、多くのテレビドキュメンタリーで放送されたＹ氏のバルカン室内管弦楽団を調査したら、メンバーのセルビア人はコソボ在住ではなくセルビア本国のベオグラード在住であることが分かった。これでは居住地域での民族融和の意味が異なってくる。ＮＨＫスペシャルの佐村河内《さむらごうち》ではないが、取材して全く納得できない対象を描くことは自分はできない。

「相変わらず『民族浄化』を進めている今のコソボ政府の肝いりで活動することの意味を考えないといけない。コソボは本来、非暴力主義のルゴバが大統領だったが、あの土地に米軍基地を欲しがった米国が利用するために選んだのが、ハーグ戦犯法廷に訴追されたテロリストで元ＫＬＡ（コソボ解放軍）のタチだった。米国の後ろ立てでタチが実権を握ったことでアルバニア以外の民族と彼に不服従の市民の人権が全く担保されていない。これなどもその一例だ」

私は、非アルバニアの民間人約３００人がＫＬＡによってコソボからアルバニア本国へ拉致されて臓器を摘出されて殺された組織犯罪「黄色い家事件」を取材した記事（『AERA』2013年9月23日）を山中に渡した。腹も立っていたので、その上で少しキレ気味に言った。

「平和を願うと言いながら、足元の差別に無関心な人間は信頼できない。本当に民族融和について真剣に考えているのなら、日本人にとっては観光地となったコソボでなく、当事者としてザイトクのデモに来てヘイト豚の一匹でもシバケってことですよ」

紛れも無い本音であり、ダブルミーニングだった。

「最近はもう会っていないです」と山中は答えた。晋遊舎は在特会《ザイトク》の桜井誠こと高田誠のブラック新書『反日韓国人撃退マニュアル』（2009年）も出しているのだ。

コソボの現状を熱心に聞いていた山中は「自分もY氏の所属事務所で話しを聞いたときに何かおかしいと感じていました」と素直な感想を漏らした。

真面目な男だと思った。ロジカルな話の出来る編集者だという印象も持った。ひどい雨が降っていたので別れ際に傘を貸してくれた。

「ドロンパ」名義で持ち込まれた企画

翌日、晋遊舎のある神保町に行くので傘を返すとメールをすると、企画はペンディングになったという報告と、傘の返却は不要ですが、直接お礼申し上げたいので是非お会いしたいという返信があった。加えて「編集者として、あれを一冊にしろという社命は心労でしたので本当に助かりました」との一文があった。やはり心労であったのか。仕事を断った書き手にも礼を尽くす人柄も分かった。

その後、2度目に会ったときにどういう経緯で山野車輪や桜井誠の本を出したのかを聞いた。嫌韓流のネタは編集者がネットで探して何の知識も素養も無い山野に伝えたという。山中自身は「僕はそのような考えではないです」と言った。

ところが今年になってまた出版された。山野のマンガシリーズ第5弾で、それも内容が過去に比べても最悪の『マンガ大嫌韓流』である。同書によれば「日韓戦争が勃発した場合、在日が国内で武装蜂起する確率が非常に高い」（p160）のだそうだ。太平洋戦争が勃発したときに在米日系人はどうなったか、知らないのか？　全く下衆で下劣な煽動である。話を聞きたいとすぐメールをし、翌日には留守電を入れた。レスが無くもう出て来ないかと思っていたら、1日経ってから時間を取りますという返信が来た。神保町で向かい合った。「話せることは話します」と言う。途中でレコーダーのスイッチを目の前で入れた。

――山野車輪は、こういったものに知識はなかったのですか。

「要するにネットだけです」

――確信犯的に。

「もともとネット上に漫画はあったんですが、間違いだらけだったり」

――担当ではないわけですね？

「そうです。ゲラのチェックだけは、『こういう表現で大丈夫か』と会社からもあったのでゲラは見ました」

――野間易通《やすみち》の『在日特権の虚構』（河出書房新社）が出て徹底的に論破されて在日特権は無いということは明らかになっているがなぜまたこんなものを出したのか。

「内容もあまりしっかり覚えてないんですけれど」

――永住資格は在日コリアンだけではないですよね。

「言葉狩りみたいな話ですよね。永住権が特権だなんて」

――嫌韓本はコンテンツとしては？

「よその版元も、少部数なんじゃないでしょうか。読者ももう求めてないですからね」

――ところで桜井は最初企画を持ち込んできたのか？

「ぼくも今日、そういうお話になると思って、思い出していて、『マンガ嫌韓流』を出した後に彼は来ました。まだ在特会を作る前で。名刺がドロンパだったので、これじゃちょっと出せないと」

――ドロンパの名刺で来たんですか、なめてますね。

「ネットの人って、そういう感じで来るんで。社会人なのに社会人でない感じで。原稿料のこともあるんで、やるんだったらちゃんとしないと……」

在特会には「触らない方がいい」

――それで、マージャンの桜井（章一）名人から取って本名の高田誠から桜井誠に変えたと。もう桜井の本は出さない？

「もう無いです」

――ブラック新書のときは？

「あのときぼくは担当ではなかったので。あのときは本人が書いたのかな。ザイトクの中から勝手に原稿があがってきたイメージがあるのですが。ちょっと分からないんです。あの頃、3～4年前、なんか偉い感じになって窓口がちゃんとあって。直接はやりとりしないでくださいと」

――生意気ですね。広報を通してとか。あれは売れたんですか？

「いや、そうでもないです。増刷は1回かな」

――山野サンは誰が見つけてきたんですか？

「これも、いま原作をやってる人が会社をやめてるんですが、彼がネットで見つけてきたんです」

――この原作の丹波さんは、以前晋遊舎にいた？

「そうです。が、距離は置いています」

――嫌韓流はこれで5冊ですか。

「これは6年ぶりで、うちとしては終わったコンテンツだと」

――なんで出したんですか。ナツリターンですか。

「うーん。朴槿恵《パククネ》政権みたい、ああいう分かりやすいアイコンみたいのがあれば。風潮みたいにしてあるんです。読者にとって、たんなる風潮なんです。ワイドショーとかはやってますが、テレビ視聴者は読者にならないんで」

――山野さんはどんな人物ですか。やっぱり、こういうようなことを自らネットに上げてたぐらいですから、本人も嫌韓なんですか。

「本人は、そうじゃないと言うんですけど。そんなに物事を掘り下げて考える人ではないので。もともと漫画をちゃんとやりたかった人です」

――でも、もうヘイト漫画家になっちゃいましたよね。

「そうですね」

――それから、晋遊舎の武田会長が日本会議のメンバーと言うことですが、日本会議の意向が働いているのですか？

「それはゼロです。読んでもいないです。会長は韓国というのはあんまり無いんです。反米保守なんで。酔っぱらうとアメリカに原爆を2発落としてやると必ず言うんです。愛国者といえば愛国者ですかね」

――在特会のデモに行ったことは？

「さすがにないですね（笑）。会社でひとり、一番最初に取材で一回だけ行かせたことがありますが、『触らない方がいい』と言ってました」

――コンテンツとしては売れるから、がありきですか。

「ま、そうですね。もっとつきつめれば、売れりゃなんでもいいのか、って話になってくるじゃないですか。ウチはそんな高尚な出版社じゃないんで」

思春期を過ごした西ドイツ

語調を聞けば真意は分かる。居心地の悪そうな表情を見せながら、それでも偽り無く質問に答えようとする。ネトウヨがどんなにアマゾンのレビューで5つ星をつけて「山野先生が事実だ」と主張しようが、当の版元の発行人自らがあのシリーズは原作を担当した編集者がただネットから拾った何の確証も無い流言だと語っているのだ。詰みだ。これで本当にコンテンツとして終わりだ。私の求めに応じて平日の昼間にわざわざ時間を割いて出て来てくれた山中は何かを伝えたかったのか。私は「ころから」でアンチヘイト本を書くことも話した。彼はどういうバックボーンなのか。

――ぼくは、保守は保守の矜持があればいい。内心で韓国を嫌いなのも自由、けどヘイト、デマによる差別の煽動は犯罪であると思っています。表現の自由とは別に。ご出身はどこですか？

「神戸ですが親の仕事で転々として。一番長かったのは横浜かドイツか。ハンブルグです」

――日本人学校で？　本は好きだったんですか。

「海外にいると日本語の読みものが少ないので、日本人学校の図書館でつぎつぎに読んでいきました」

――いちばん何を読んでいましたか。

「安部公房とか。小学校から文学はそれなりに」

――西ドイツ時代のハンブルグって活気があったんじゃないですか？

「そうですね。ベルリンにも近いですし」

――壁（チェックポイント・チャーリー）博物館とか。壁があったころの方がリベラルでしたね。

「それはそうですね。情緒もあって。中学生のころですね。中1か中2のときに壁が崩壊して」

――ドイツは贖罪として西ベルリンにも収容所の博物館とかいっぱいありますね。アウシュビッツも行かれたんですか。

「アウシュビッツも行きました。小学校か中学、日本人学校の行事で。Uボートの映画も見て、博物館を見て回るという行事でした」

――隣のビルケナウ絶滅収容所にも？

「行きました」

――まだ嫌韓流シリーズを続けますか。

「第5弾が売れたらやるかも知れないですけど…。売れないですけど。ネタがないんで、厳しいのは厳しいです。ただ、ヘイトが終わったとか、友好に向かっているという話でもないので、なんともいえないです」

――野間（易通）くんなんかと公開で議論する気はありますか？

「いいと思いますが…。主義主張がないので議論にならないかと思います」

差別煽動との闘いに参戦せよ

今、録音を文字に起こして読んでみて改めて思う。

山中よ、自身のためにも断じて『マンガ大嫌韓流』を出してはいけなかった。会社が何と言おうが、編集局長、発行人の名の下に止めるべきだった。君はとっくに気がついていたはずだ。嫌韓流が売れたことでヘイト本がカネになるとドロンパ時代の高田誠に分からせてしまったことを。ちゃんとした漫画家になりたかったという山野車輪が後戻りできなくなってしまったことを。「触らない方がいい」と部下が報告するような醜悪なザイトクのデモの参加者があの本を自分たちの行動の典拠としていることを。真実に向き合おうとせずに売れるコンテンツということで消費した事で、リアルな世界で中傷、罵倒された在日韓国・朝鮮人の人々がどれだけ傷ついていたのかを。

カネは稼げても誰が幸福になれただろうか？　小学生時代にアウシュビッツ博物館に行きユダヤ人がデマによっていかに殺されていったのかを学んだ君（もしかすると君は処刑されたナチのアイヒマンや、西ドイツが1960年に制定した民衆扇動罪について聞いているかもしれない）が、コソボの指揮者のPR本ですら編集者として心労を覚えていた君が、事実無根の在日特権を流布する罪に気がついていないはずがない。この嫌韓流シリーズが極めて卑怯で卑劣なのは最後にエクスキューズのように「差別の意図はありません」とのクレジットを入れていることである。

「嫌韓煽動のとどめは刺さないですが、そう思うように仕向けていることは自覚していました」としっかりと向き合っている渡邉哲平氏（第1章参照）とここが大きく違う。

これはやはり、山中が小中学校を外国で過ごしたということに起因する。なぜならば「帰国子女特権」によって日本での進学や就職を優遇された人間は自らのギルティ（ここでは差別主義者を量産したこと）に気づかぬふりをするからである。帰国子女は外国在住だったために愛郷心が希薄で、同じ日本社会の構成員である在日への憎悪をウソによって煽り続けて国を壊すことを躊躇しない。だから、戦時となれば外国側につく可能性が高い。元いた国に帰ってもらってその上で真の友好を考えるべきである。ここに差別の意図はない。なーんてね。こんなこと書籍に書かれて売られたらどう思うか。ことほど左様にデマによる属性差別は卑怯で気持ちが悪い。レトリックだとしても他の帰国子女の方も傷つけたと思う。申し訳ない。もちろん「帰国子女特権」など無い。念のため。

山中よ。小学生時代に安倍公房を読み、文学部に進み、出版社を受験し、パソコン雑誌で編集を始めた君が本当に作りたい本は何だったのだ。

オワコンだからではなくデマだから、『マンガ大嫌韓流』を出してはいけないことに、とっくに気がついていた。何で止めなかった？　どう詭弁を弄そうが、大切なのは自分との対話であろう。編集者にとって自分が編んだ本を読んでくれたであろう読者を醜悪に感じて「触らない方がいい」と思う以上の不幸があるか？

「晋遊舎が高尚な出版社でない」のではなく、高尚ではない出版社にしてしまったのだ。そうしたのは誰だ？

サッカーのイスタンブールダービーで死者が出るほどのバトルを散々、繰り返して来たライバルチームのサポーター同士がトルコ政府の強権政治に対して共闘した記録を追ったドキュメンタリー映画「イスタンブールユナイテッド」（２０１４年）のラストシーンで、過激なおっさんサポーターが子どもに向かって問う。

「俺たちは何と闘うか？　分かるか？」

一瞬の間があって続ける。

「俺たちは、憎しみを生み出すものと闘うんだ」

ハンブルグ日本人学校時代にアウシュビッツに連れて行ってくれた大人たちの顔を思い出せ。デマを流して憎悪煽動するものと闘え。山中よ、参戦せよ。

エピタフ、そしてマニフェストへ

ぼくらは宝島とガロで育った――やや誇張があることを承知で、でもざっくり言うと「そんな感じ」という人は少なくないだろう。特に1970年代から80年代に思春期を過ごした人には。

すなわち、それは私だ。

80年代初頭の月刊『宝島』はもちろん、「メディアのつくり方」（1981年）や「映画の見方が変わる本」（1989年）といった刺激的なムックを連発した『別冊宝島』（当時の出版社名はJICC）も、「セカイ」を語るにはなくてはならない〝ガイドブック〟だった。

そして『ガロ』を刊行してきた青林堂の存在。

あまりにフリーダムな漫画（と呼んでいいのかさえ不確かだった）に、「こんな自分でも生きていていいんだ」と勇気づけられた人がどれだけいたか分からないが、少なくともここに一人いる。

そんな宝島社と青林堂が「ヘイト化」していると知ったのは、2014年のことで、にわかに信じがたい事実だった。

消費されることをヨシとしないカウンターカルチャーを牽引してきた別冊宝島が、『アホでマヌケな反日「中韓」』などというアホでマヌケなムックを刊行していることを直視したくなかったのが偽らざる思いだ。

また、白土三平や水木しげるといった、差別や戦争がいかに醜く滑稽であるかを描いた漫画家を輩出した青林堂が、他民族排外を煽る在特会の会長（当時）の本を出すなど考えたくもない事態だ。

そんな私の「目隠し」を取り外してくれたのが、第1章に登場する渡邊哲平さんだった。

彼は、第4章で「誌上中継」されている、私と『WiLL』の花田編集長との公開対談の客席にいた。どうにも噛み合ない「対決」の後に、彼が私に話しかけてくれた。「宝島で嫌韓モノを編集していました」と。

その後、私は何度も渡邊さんと会って、どのような経緯で宝島社と関わり、またどのようにして中韓による「反日ネタ」を毎月のように記事化できたのかを聞いた。

そのようにして出来上がったのが本書であり、小社が2014年に刊行した『NOヘイト！　出版の製造者責任を考える』からのスピンオフともいえる一冊だ。

出版の製造者責任を問う本を出すだけでなく、公の場で「敵方」と一戦交えたから生まれたのであり、まさに「書を捨てよ、町に出よう」（©寺山修司）を実践した賜物だ。

さて、その本書を手に取った方は、ある既視感に襲われたのではないだろうか？

特に、「宝島で育った」世代には。

そう、この本の編集にあたって、90年代前半までの別冊宝島を「手本」にしていることを告白しなければならない。

判型こそ異なるが、全体の「作り」については、別冊宝島がもっていた賑やかさ、切り口の目新しさ、そして書き手の視点を最優先させることを見習った。書き手によって文体が異なったり、またカタログ的な章があったりする点も、かつての別冊宝島の空気感を醸していると自負する。

そして、その書き手については、赤瀬川原平から佐々木マキ、蛭子能収まで、多彩な作家が集った旧青林堂の梁山泊感（そのような日本語があればの話だが…）が再現できたのではないだろうか。

大泉実成さんは、『消えたマンガ家』（太田出版）などの著作があり、エホバの証人やオウム信者の洗脳離脱にも精通しているジャーナリスト。木村元彦さんは、小社刊『ナショナリズムの誘惑』の共著者であり、旧ユーゴの民族「浄化」を取材してきたジャーナリスト。加藤直樹さんは、『九月、東京の路上で』（小社刊）の著者でフリーの編集者でもある。そして、梶田陽介さんは反骨のネットメディア「リテラ」で活躍する。

お互いには一緒に仕事をしたことのないメンツが揃って、各地に「散り」、当事者に面と向かって取材し、それぞれの原稿が仕上がった。

それらの原稿を待つ時間は、これまでにない高揚感に包まれていた。

そして、一冊の本にまとまってなお、梁山泊感を強くにじませていることがうれしい。


最後に。

読者にとっては、「では、どうすればいいのか？」という問いが残るかもしれない。

第5章「羊頭狗肉度ランキング」で最下位——すなわちタイトル以上に中身がひどい——にランクされた青林堂刊『大嫌韓時代』の帯には「『韓国が嫌い！』とはっきりと口に出せる時代が到来」とある。その現状認識に異論はあるものの、彼らがそう認識している事実が重要で、そのような「時代」に抗するには徒手空拳で戦うべきなのか？

現状で私の結論は、日本が留保している第4条を含めて「人種的差別撤廃条約」を完全に批准し、そのための国内法——人種的差別禁止法——を制定すべきだということ。

あえて罰則条項なしでいいだろう。少なくとも、なにが民族や人種を根拠にした差別や煽動にあたるのかという「モノサシ」をもつ必要がある。

出版社を含めて日本の会社は、コンプライアンスを重視している。往々にして「仏作って魂入れず」状態のこともあるが、それでも「法治主義、死ね！」という国よりもまっとうであるはずだ。

であれば、差別禁止法があればこそ、編集者も経営者も自ら判断できるようになるのではないだろうか？　立法府の不作為によって国民が判断ができない状態に置かれ、その結果、タガが外れた状況にあるのが、いまの出版界であり、その結果としての書店でのヘイト本の氾濫ではないだろうか。

宝島やガロの空気感を踏襲することで、ヘイト化した両者（両社）へのエピタフ（墓碑銘）としたい。そして、差別禁止法の制定を促すことをマニフェスト（宣言）としたい。

異論反論はあろうが、日本が20世紀初頭とはちがって「国際社会において名誉ある地位を占める」には、思考停止しているわけにいかないのだから。

木瀬貴吉（ころからパブリッシャー）

執筆者プロフィール（五十音順）

大泉実成（おおいずみ・みつなり）

1961年東京都生まれ。デビュー作『説得』が講談社ノンフィクション賞を受賞。「水木原理主義者」を自称するほどの水木しげるファン。代表作に『消えたマンガ家』などがある。

梶田陽介（かじた・ようすけ）

1968年広島県生まれ。フリーライターを経てニュースサイト「リテラ」編集者。主に社会と政治分野を担当する。

加藤直樹（かとう・なおき）

1967年東京都生まれ。出版社勤務を経てフリーランスに。単著に『九月、東京の路上で　1923年関東大震災ジェノサイドの残響』がある。

木村元彦（きむら・ゆきひこ）

1962年愛知県生まれ。疾走プロダクションなどを経て、フリージャーナリストに。旧ユーゴの民族紛争を中心に取材。代表作に『悪者見参』『オシムの言葉』など。

さらば、ヘイト本！

嫌韓反中本ブームの裏側

2015年5月25日初版発行
定価900円＋税

著者
大泉実成
梶田陽介
加藤直樹
木村元彦

パブリッシャー
木瀬貴吉

装丁
安藤　順

発行　ころから

〒115-0045
東京都北区赤羽1-19-7-603
TEL 03-5939-7950
FAX 03-5939-7951
MAIL office@korocolor.com
HP http://korocolor.com/

ISBN 978-4-907239-14-5 C0036